核心素养下
高中数学教学
与实践研究

王 义◎著

四川科学技术出版社

图书在版编目（CIP）数据

核心素养下高中数学教学与实践研究 / 王义著 .
成都 : 四川科学技术出版社 , 2024. 10. -- ISBN 978-7-
5727-1577-8

Ⅰ . G633.602

中国国家版本馆 CIP 数据核字第 202487XK31 号

核心素养下高中数学教学与实践研究

HEXIN SUYANG XIA GAOZHONG SHUXUE JIAOXUE YU SHIJIAN YANJIU

著　者	王　义
出 品 人	程佳月
选题策划	鄢孟君
责任编辑	魏晓涵
助理编辑	任一琳　余　昉
封面设计	星辰创意
责任出版	欧晓春
出版发行	四川科学技术出版社

成都市锦江区三色路 238 号　邮政编码 610023

官方微博 http://weibo.com/sckjcbs

官方微信公众号　sckjcbs

传真 028-86361756

成品尺寸	170 mm × 240 mm
印　张	7.75
字　数	155 千
印　刷	三河市嵩川印刷有限公司
版　次	2024 年 10 月第 1 版
印　次	2024 年 12 月第 1 次印刷
定　价	62.00 元

ISBN 978-7-5727-1577-8

邮　购：成都市锦江区三色路 238 号新华之星 A 座 25 层　邮政编码：610023

电　话：028-86361770

随着高考改革的推进,"核心素养"一词逐渐进入人们的视野。高中课程教学致力于培养学生的综合素质和核心素养。那么,什么是"核心素养"?核心素养主要指学生应具备的、能够适应终身发展和社会发展需要的必备品格和关键能力。对于数学领域而言,即"数学核心素养",主要指具有数学基本特征的、适应个人终身发展和社会发展需要的思维品质和关键能力。高中数学课堂恰恰是培育学生数学核心素养的重要场所之一,高中数学教师应深谙此点,以此开展数学教学与实践活动。

本书从"高中数学核心素养"的基础理论出发,对高中数学核心素养的概念进行界定,带领读者认识高中数学核心素养的相关理论。结合实际教学情况,对高中生数学学习的现状展开分析,挖掘出影响高中生数学核心素养形成的重要因素。在此基础上,开展高中数学课堂教学设计,从而制定出更加贴合学生学习实际情况的数学课堂教学设计,如新授课的教学设计、讲评课的教学设计、复习课的教学设计、建模课的教学设计这四个方面。课堂是贯彻数学核心素养理念的主要场所,高中数学教师应合理运用高效课堂、翻转课堂等新颖教学模式,利用现代教育技术,构建高中数学高效课堂。通过援引经典高中数学课堂教学案例,打开高中数学课堂教学思路,带领学生理解知识概念、掌握学习方法、做好课后总结,从而提升学生数学核心素养水平。

本书将"核心素养"结合到高中数学教学中去,对于提升学生核心素养、增强学生数学学习能力大有裨益。对此,本书提供了一定的思路指引,对于一些高中数学教师或从事相关方面工作的读者具有一定的借鉴和指导意义。

目　录

第一章　绪论

第一节　高中数学核心素养的概念界定

一、数学核心素养的概念

近年来，随着新课改的不断深入和发展，数学核心素养成为数学教育改革的热点词汇，不同的学者对数学核心素养的内涵有不同的理解和认识。马云鹏教授认为，数学核心素养是数学学习者在学习数学或学习数学的某一领域所应当达成的有特定意义的综合性能力。他认为，数学核心素养是数学教与学过程中的重点，不仅指具体的知识和技能，还包括数学活动和数学思想等。我国著名数学教育家张奠宙认为，数学核心素养包含具有数学基本特征的思维品质和关键能力，是数学知识、技能、思想、经验及情感、态度、价值观的综合体现。他着重强调数学核心素养在数学学习和学生自主发展中的作用，认为核心素养是数学课程目标的集中体现，是反映课程教学和学业质量的标准。国际学生评估项目（PISA）认为，数学素养是指个体识别和理解数学在现实世界中所起作用的能力，做出数学判断的个人能力，以及作为一个有独创精神、关心社会、善于思考的公民，利用数学并参与其中，以满足个人生活中各种需要的能力。还有学者认为，数学核心素养是指能从数学的角度看问题，有条理地进行理性思维、严密求证、逻辑推理和清晰准确表达的意识与能力。他们认为，数学核心素养的核心之处在于将概念、公式、定理忘却之后，还能留存在头脑中的数学意识、数学思维和数学精神。

简单来说，数学核心素养就是指在学习数学的过程中，逐渐形成的一种综合性地运用所学数学知识解决实际问题的能力，以及在学习和解决问题的过程中所表现出来的思维习惯和道德品质。数学核心素养是所有数学素养中最基本却又起决定性作用的素养，它并不是指某些数学知识或数学技能，也不是普通意义上的数学能力，而是一种反映数学思想、基于数学知识却又高于数学知识的能力、习惯和品质。

数学核心素养是每个数学学习者必须具备的数学品格和关键能力，这不仅是数学学习者终身发展的需要，也是社会发展的需求。数学核心素养是学生在学习数学的过程中所养成的具有特定意义的一种综合能力，教师在教学的过程中应当对其加以重视。数学核心素养以数学知识和数学技能为基础，以运用数学知识和数学技能解决问题为表现形式，在解决问题的过程中反映数学本质和数学思想，数学核心素养也在这个过程中得以形成和发展。

二、数学学科的六大核心素养

数学学科的六大核心素养，包含数学抽象、逻辑推理、数学建模、数学运算、直观想象、数据分析六个方面。六大核心素养的提出，表明了高中数学课程进一步的改革思想，也映射出了整个高中课程改革的发展方向，对高中数学教学和学生的发展具有极其重要的意义。

（一）数学抽象

1.数学抽象的概念

数学抽象是指通过对数量关系和空间形式的抽象，得到数学研究的对象和数学的研究方法。主要包括从数量与数量关系、图形与图形关系中抽象出数学概念及其之间的关系，从事物的具体背景中抽象出一般规律和结构，并用数学语言予以表达。

从思维的角度看，数学抽象是指从众多事物中抽取出共同的、本质的属性，舍弃个别的、非本质的属性，得到数学研究对象的思维过程。从数学学科的角度看，抽象是数学学科的特征之一，数学抽象在六大数学核心素养中居首位，是高中数学学科未来发展不可或缺的，没有数学抽象就没有数学的研究对象，没有数学抽象就无法进行数学推理和数学应用，数学抽象在数学学习和教学中具有重要的作用。

数学抽象是数学的基本思想，是形成理性思维的重要基础，它反映了数学的本质，贯穿数学知识产生、发展和应用的全过程。要想提高学生的数学抽象能力，需要学生积累从具体到抽象的活动经验，引导学生深入理解数学概念、公式、定理、数学思想方法、数学知识体系等数学基础知识，抓住事物或问题的数学本质，促使学生逐渐养成由一般思考到深入思考的习惯，并能在其他学科或生活中主动地运用数学抽象思维来解决问题。

2. 数学抽象的内涵

数学抽象主要包括符号意识、数感、几何直观和空间观念四个方面。

符号意识主要是指能够从具体情境中抽象出数量关系和变化规律，并用符号来表示；理解符号所代表的数量关系和变化规律；会进行符号间的转换；能选择适当的方法解决符号所表示的问题，实现具象和抽象的和谐统一。建立符号意识有助于学生理解符号的使用，有助于提高学生的数学表达能力和数学思考能力。

数感主要是指关于数与数量、数量关系、数学运算、结果估计等方面的感悟，具体可以分解为以下三点：一是理解数的意义，能用数来表达和交流信息；二是能用多种方式来表示数；三是能估计运算的结果，并对结果的合理性作出解释。建立数感可以帮助学生更好地理解生活中数的意义，更好地理解和表述具体情境中的数量关系，有助于培养学生的数学思维和数学敏感性。

几何直观主要是指通过对图形的观察和分析，发现直观载体的外在现象和表面意义，由表及里，促使学生洞察数学载体更深层的意义或内在本质。借助几何直观，可以把复杂、抽象的数学问题变得简单、形象，有助于探索解决问题的思路和预测结果，帮助学生更直观地理解数学，感知数学知识存在的意义和价值。

空间观念是以空间表象为主要形态特征，涉及空间知觉和空间想象。培养学生的空间观念，能够让学生更好地感知物体的形状、大小、距离、方位等位置关系，并促使学生在大量空间知觉的基础上形成关于物体形状、大小及相互位置关系的印象。之后，在语言表述和事物的共同影响下，学生会对头脑中已有的空间表象进行加工、改造和整合，从而产生新的表象，将抽象的空间立体图形问题转化为平面图形问题来解决，化难为易，有助于学生思维的发展。

3.数学抽象的特征

首先，数学抽象是一种特殊的抽象，是仅从事物的量的属性进行抽取的抽象，只着眼于事物存在的数量关系和空间形式，因此，数学抽象内容具有量的特定性，这是数学抽象最明显的特点，也是区别于其他学科的主要特征之一。其次，数学抽象的方法具有逻辑建构性，很多数学知识都是凭借明确的定义和逻辑推理建构的，例如，圆就是在点、距离、轨迹等概念及相等关系的基础上，明确定义和逻辑推理构建出来的。最后，数学抽象还具有一定的高度性。数学抽象是在完全舍弃了具体现象的前提下，去研究事物的一般性质，在抽象的共性中去考察这些抽象系统的本身，高度的抽象性是数学不同于其他学科的最主要特征。

4.数学抽象的具体方法

数学抽象有两个具体的方法，即强抽象和弱抽象。强抽象是从事物具有的若干属性中强化或添加某些属性的抽象，它是增加内涵、缩小外延的抽象，是从一般到特殊的抽象。弱抽象是从事物的若干属性中减去或去掉某些属性的抽象，它是减少内涵、扩大外延的抽象，是从特殊到一般的抽象。比如，函数概念的形成和发展过程就是一系列弱抽象的过程，即由特殊到一般的过程。但在微积分的表述过程中，函数概念又表现为一系列强抽象的过程，由函数添加连续性变为连续函数，又添加了可微性，变成了可微函数。

5.高中数学抽象素养的体现

在高中数学教学中，数学抽象素养体现在集合、映射、函数、复合函数、函数单调性、函数奇偶性、函数周期性、指数函数及其性质、对数函数及其性质、三角函数及其性质、平面向量、曲线与方程、导函数等概念上，体现在正弦定理、余弦定理等定理上，体现在线性规划求最值问题、函数零点、导函数应用等知识的应用上。

6.基于数学抽象素养的教学建议

在日常教学中，经常会有这样一种现象，开始时学生对教师讲的内容不明白，教师指导以后学生感觉明白了，但后来在做类似的题目时依然没有思路。究其原因，在于学生缺乏数学抽象素养。所以，教师在课堂教学时，要注重学生数学抽象思维和能力的培养，比如在课堂教学中根据教学内容开展一些"微探究"活动，多给学生创造自主探究的机会，可以帮助学生对数学的本质理解得更透彻。在教学时，教师还要多用变式教学，引导学生从不同的角度去分析问题、解决问题，使学生能够达到触类旁通、举一反三的效果，促进学生思想的转变，拓展学生的思维。数学解题就是从具体的问题中抽象出数量关系和变化规律，并通过数学语言和数学符号之间的相互转译，选择适当的方法来解决数学问题。教师在教学过程中要注重数学语言的灵活运用，运用数学语言和数学符号，让学生学会"译题"。教师要指导学生将文字语言向图形、符号语言转译，让数学特征更加显著；指导学生将符号语言向图形语言转译，使数学概念更加具体生动；指导学生将图形语言向符号语言转译，让数学表达更加简洁清晰。学会"译题"是解决数学问题的第一步，教师在教学中要加强对学生"译题"能力的训练，帮助学生认识数学知识的本质和联系，优化学生的认知结构，从而提高学生的思维品质，发展学生的数学抽象素养。

（二）逻辑推理

1.逻辑推理的概念

古希腊逻辑学家亚里士多德是传统逻辑学的创始人，其著名的"三段论"奠定了西方逻辑学发展的基础。我国的逻辑思想早在春秋战国时期就有了很大的发展，史书记载称其为"明辨之学"。数学上的逻辑指的是思维的规律和规则，是思维过程的抽象。推理是一种思维活动过程，是对已知条件和已学知识进行加工、整理，从而得出结论的过程。推理可以分为间接推理和直接推理，逻辑正确则推理正确，不合逻辑则推理不正确。在最新的数学课程标准里，逻辑推理是指从事实和命题出发，依据规则指引，推出正确的结论。逻辑推理强调的不是正确性，而是关系和性质之间的连贯性和传递性。

逻辑推理是得到数学结论、构建数学体系的重要途径，是数学严谨性的基本保障和具体体现，是人们在数学学习过程中进行交流的基本思维品质。逻辑推理素养是学生在发现问题和提出问题后，利用所学知识进行表述和论证，形成的有论据、有条理、合乎逻辑的思维品质的能力和素养，体现了学生的数学交流能力。

2.逻辑推理的形式

逻辑推理的形式主要包括两大类，一类是从特殊到一般的推理形式，主要有归纳推理和类比推理；一类是从一般到特殊的推理形式，主要有演绎推理。

归纳推理就是根据一类事物的部分对象具有的某种性质，推出这类事物的所有对象都具有这种性质的推理。简而言之，就是从个别知识推出一般结论的推理，是从特殊到一般的过程，属于合情推理。比如，直角三角形、锐角三角形和钝角三角形的内角和都是 $180°$ ，从这些个别的知识我们可以推出"所有三角形的内角和都是 $180°$ "。归纳推理的前提是其结论的必要条件，归纳推理的前提必须是真实的，但结论却未必真实，推出的结论可能不成立。比如守株待兔的故事，如果根据某天一只兔子撞死在树上，推出每天都会有兔子撞死在树上，这个结论就是不成立的。

类比推理是根据两个或两类对象有部分属性相同或相似，通过比较的办法推出它们的其他属性也相同或者相似的一种推理，这种推理被称为类推。比如，在高中数学中有实数的基本运算，我们可以通过类比推理出集合的基本运算。如果前提中确认的共同属性很少，且共同属性和推理出来的属性没有什么关系，这样的类比推理就是不可靠的，也被称为机械类比。

演绎推理就是从一般性的前提出发，通过"推导"即"演绎"，得出具体陈述或个别结论的过程。演绎推理是由命题和推理规则两个层面构成的，在逻辑推理的过程中需要兼顾这两个方面。常用的演绎推理主要有三段论推理、假言推理、选言推理和关系推理等形式。

三段论推理是由简单命题构成的，由一个包含共同项的两个性质命题作为前提，推出另一个性质命题作为结论的演绎推理，是演绎推理的一般模式，主要包括三个部分：一个普通接受或已知的一般原理（大前提）、一个具体的事实或情况（小前提）、根据大前提和小前提得出逻辑结果（结论），这也是三段论推理的方法和步骤。

假言推理是以假言判断为前提的推理，分为充分条件假言推理和必要条件假言推理两种。充分条件假言推理的关键词一般是"如果……那么……"，必要条件假言推理的关键词一般是"只有……才……"。

选言推理是以选言命题为前提的推理，其标志词是"或者……或者……""要么……要么……"。选言推理分为相容的选言推理和不相容的选言推理两种。相容的选言推理大前提是要有相容的选言判断，如果小前提否定了其中的一个选言支，那么结论就肯定了剩下的选言支。不相容的选言推理大前提是要有不相容的选言判断，如果小前提肯定了其中的一个选言支，那么结论就否定了其他的选言支；如果小前提否定了除其中一个以外的选言支，那结论就肯定了剩下的这个选言支。比如，房间内有三个人，他们三个人中只有一人是工程师，要么是小张，要么是小刘，要么是小李；这个工程师不是小张和小刘，所以这个工程师只能是小李。

关系推理是前提中至少有一个是关系命题的推理，可以分为对称性关系推理、反对称性关系推理和传递性关系推理。比如，由 1 米 =100 厘米推出 100 厘米 =1 米，这就是对称性的关系推理；由 $a > b$ 推出 $b < a$，这就是反对称性关系推理；由 $a > b$，$b > c$ 推出 $a > c$，这就是传递性关系推理。

3. 高中数学中的逻辑推理素养

高中数学中的逻辑推理素养主要表现在以下四个数学学习步骤中。一是命题及其关系：理解命题的概念；了解"若 p，则 q"形式的命题及其逆命题、否命题与逆否命题，会分析四种命题的相互关系；理解必要条件、充分条件和充要条件的意义；了解"或""且""非"等简单逻辑连接词的含义；理解全称量词与存在量词的意义，能正确地对含有一个量词的命题进行否定。二是推理与证明：理解合情推理的含义，能用归纳和类比等进行简单的推理，理解合情推理在数学发现中的作用；理解演绎推理的重要性，掌握演绎推理的基本形式，通过灵活地运用进行简单的推理；理解演绎推理和合情推理之间的联系和差异；学会直接证明和间接证明，理解分析法和综合法两种直接证明的思考过程和特点，理解间接证明中反证法的思考过程和特点；理解数学归纳法的原理，会用数学归纳法证明一些简单的数学命题。三是立体几何：掌握点、线、面之间的位置关系，理解空间直线、平面位置关系的定义，掌握可以作为推理依据的公理和定理，认识理解空间中线面平行及垂直的有关性质与判定定理，能够运用公理、定理和已获得的结论证明一些空间图形位置关系的简单命题。四是寻找关键词：在数学问题中含有"抽象""判断""推导""推出""证明""导出"等关键词的内容都隐含着对数学逻辑推理素养的教学要求和考查要求，需要学生对关键词汇具有高度的敏锐性。

4. 数学逻辑推理素养培养的重要性

学生学习高中数学的目的不仅是为了应对考试，也是为了学会解题技能，将数学知识更好地应用到实际生活中。在数学问题解决的过程中形成的逻辑推理核心素养，有助于学生深刻地理解所学知识，促进数学知识的实践应用。学生数学逻辑推理素养的养成和发展可以激发学生的探究热情，促使学生主动去发现生活中的数学问题，探索数学的奥秘，促进学生创新思维和创新能力的发展，对提高学生的数学素养具有深远的意义。在当前的核心素养视域下，培养学生的数学逻辑推理素养可以让学生永久受益。

5. 基于逻辑推理素养的教学建议

扎实的数学基础是培养学生逻辑推理素养的重要前提，逻辑推理是利用已有的知识对出现的数学问题进行结论的探究。这种思维的建立可以帮助学生系统地掌握数学知识，更快地理解和消化新知识，提高学习效率。所以，数学教师在教学时必须重视数学基础知识教学，巩固学生的数学基础，促使学生形成良好的数学思维，进而进行正确、有效的逻辑推理。教师在教学时要有目的地选取教材中的某些公式、定理，让学生通过观察、分析，大胆提出自己的猜想和假设，鼓励学生自主去证明，让学生体会公式、定理的发现过程，感悟数学家的逻辑推理思维，促进学生逻辑推理素养的形成和提高。教师在讲课的过程中要将自己处理问题的思维过程充分地展现给学生，潜移默化地影响学生的逻辑思维，便于学生学习和借鉴，提升学生的逻辑推理素养。教师在教学的过程中还要因势利导，适时地对学生进行启发和点拨，避免学生学习的盲目性，提高学生学习的自觉性，使学生掌握正确、科学的思维过程。

（三）数学建模

在新数学课程标准中有一个重点内容就是让学生全面了解数学的背景、意义和价值，特别是数学的应用与方法，而数学建模就是达到此目标的一个极好的途径。特别是在核心素养视域下，高中数学所考查的题材更加贴近现实生活，灵活性也大大提高了，这就要求教师在教学中要注重培养学生的数学建模素养。因此，在高中阶段向学生渗透建模思想是非常有必要的。

1. 数学建模素养的内涵

数学建模素养是通过对实际问题的简化和抽象后，用数学语言表达问题，用数学原理建立模型，用数学方法解决问题，再回到实际情境中解释、验证所得结果的数学活动过程。主要包括分析抽象、建立模型、求解模型和验证修改四个阶段。数学模型构建了数学与外部世界的桥梁，是数学应用的重要形式。数学建模是应用数学解决实际问题的基本手段，是数学六大核心素养的重要内容，也是推动数学发展的外部驱动力。学习数学建模的目标就是培养学生的数学建模素养，使学生能够掌握数学建模的过程，积累用数学语言表达实际问题的经验，从而提升学生的数学应用能力，培养学生的创新思维和创新能力。

2. 数学建模素养的能力要求

要想培养学生的数学建模素养，就必须提升学生的阅读理解能力、抽象概括能力、符号表示能力、模型选择能力和数学运算能力，这是学生能熟练运用数学建模的基本要求，只有具备这些能力，学生才有可能形成有益的数学建模素养。

阅读理解能力是学生按照一定的思路、步骤，通过阅读感知问题的信息，在对信息进行分析和思考后，获得对数学问题的感性认知的能力。一般来说，阅读理解能力较好的学生，在审题过程中会把数学问题读得更准，读得更好，对问题中所蕴含的数学知识理解更快，也更深刻、透彻。学生的阅读理解能力直接影响数学建模是否成功，因此，良好的阅读理解能力是数学建模的基本前提。

抽象概括能力是指学生在对数学问题阅读理解的基础上，将感性材料仔细研判，对数学问题进行分析、简化和抽象，排除问题中的各种干扰项，抓住问题的主要矛盾，运用判断、推理、归纳等方法发现数学问题的本质，通过对有用信息的提炼和抽象，将实际问题转化为数学问题的能力。通常情况下，抽象概括能力较强的学生很容易将实际问题转化为数学问题，很容易就建立起数学模型。所以，抽象概括能力是数学建模的基础。

符号表示能力是把实际数学问题中表示数量关系的文字图象翻译成数学符号语言的能力。随着高中数学和现实生活的联系加强，在考查数学知识时，经常以现实生活为背景，在数学问题的表述中会有大量的文字信息，很容易给学生解决问题带来干扰。学生在解题的过程中，要通过阅读理解对文字信息进行分析和筛选，将各种已知和隐含的数学条件，翻译成数字、公式、方程、函数、不等式等数学符号语言，便于学生对数学问题的分析和解决。将数学问题翻译成数学符号语言是数学建模过程中的基础性工作。

模型选择能力就是选择数学模型的能力。在数学建模过程中，同一个数学问题经常可以用多个数学模型解决，同一个数学模型也可以用于解决多个实际问题，怎样选择一个最佳的、最恰当的模型，直接关系到问题解决的效率和质量。模型选择能力是学生综合能力的体现，是数学建模必须具备的关键能力。

数学运算能力是数学建模能力的重要构成，完整的数学建模不仅需要对数学问题的抽象、概括和推理，还需要对数据进行运算。一般来说，复杂的数学建模问题运算量比较大，其中还可能有近似计算、图象分析等。因此，在数学建模过程中，无论所构建的模型有多么正确和合理，如果数学运算能力不达标，所构建的数学模型也会前功尽弃。数学运算贯穿于数学学习的整个过程中，数学运算能力不仅是数学建模必备的能力，也是数学学习必须具备的能力。

3. 数学建模的步骤

数学建模一般分为"三步走"。第一步，缜密审题，深入挖掘。教师要指导学生认真读题，探索题中的已知条件和隐藏条件，对题目中的数量关系和数学意义进行深入挖掘，捕捉其中的数学模型和数量关系。核心素养视域下的高中数学，非常注重数学知识与生产生活之间的联系，在建模的过程中，教师要指导学生灵活运用数学规律和数学方法，对实际问题进行具体分析，提取其中的有效信息，抓住解决问题的关键。第二步，引入数学符号，建立数学模型。教师要引导学生在审题的基础上，运用联想、类比、逻辑推理等方法去发现数学问题中的数量关系，并判断其属于哪种类型的问题，从而恰当地引入参数变量，用数学符号表示各种数学关系，构建出恰当的数学模型，将实际问题转化为数学模型。第三步，解模作答，回归现实问题。数学模型建立起来后，教师要指导学生用数学方法和相关的数学知识进行解模作答，并确定最佳的解题方案，利用数学运算求解，最后得出计算结果并返回到实际问题中去进行解释和验证，对实际问题进行总结作答。

4.高中数学教学中常见的数学模型

数学建模在高中数学中有较多应用，常见的数学模型主要有：函数模型、数列模型、不等式模型、三角模型、平面解析几何模型、立体几何模型、排列组合模型、概率统计模型等。

5.数学建模的重要性

数学建模是解决数学问题的重要手段，学生在建立数学模型的过程中可以根据自己所掌握的数学知识来提出问题，并在教师的指导下，通过建立数学模型来解决问题，在这个过程中学生不仅学到了数学理论知识，同时也培养了学生的创新能力，提高了学生理解和接受数学知识的能力。在数学建模的过程中，教师一般是处于指导的位置，学生是数学建模学习的主体，数学建模为学生提供了广阔的发挥空间，学生们为了构建模型集思广益，大大提高了学生学习数学知识的能力，增强了学生参与数学实验的积极性和主动性，也培养了学生的独立思考能力和团队协作意识。在很多时候，数学模型的建立不是一次性完成的，而是需要反复的设计和实验。建立数学模型有助于培养学生的探究精神和科学意识，也可以让学生充分体会到数学探究的乐趣，增强学生对数学学习的兴趣，促使学生学会运用科学的思维方式来思考、处理实际问题。

6.基于数学建模素养的教学建议

在数学建模中，教师只是引导者，负责给学生提供部分思路，学生才是数学建模的主要实施者。教师要尊重学生的主体地位，当给出数学问题后，教师要引导学生去发现问题、提出问题，尊重学生的思维方式，注重知识的形成过程，给予学生更多自主的空间，让学生亲历知识的形成过程，加深学生对数学知识的印象。在很多情况下，数学建模需要学生合作来完成。教师在数学建模教学中，要鼓励学生以小组为单位开展合作探究，为学生提供展示自我的平台，让学生成为学习的主人，提高学生的自主学习能力和合作学习能力。

数学建模素养的培养是一个漫长的过程。教师在数学建模的过程中要坚持循序渐进的原则，为学生提供的问题要由易到难，循序渐进，多给学生创造解题成功的机会，使学生获得成就感，从而对数学建模保持长久的兴趣和信心。在数学建模过程中学生经常会遇到一些困难，教师要给予学生适当的指导、帮助和鼓励，让学生保持持续研究的信心。

利用信息技术辅助数学建模。教师在数学建模教学中要坚持与时俱进，利用信息技术辅助课堂教学，鼓励学生利用电脑软件构建数学模型，使传统课堂教学变得有声有色，让学生更好地感受到数学与其他学科和生活的联系，拓宽学生的视野，调动学生学习的积极性和主动性，锻炼学生的创新思维和实践能力。

引导学生构建整体知识结构。数学问题的最大特点就是数据多、变量多、数量关系隐蔽、不是"纯数学化"数据，学生在拿到问题时经常无从下手。所以，教师在教学时可以指导学生运用数据表格来整合有效的数学信息，厘清数量之间的关系，引导学生从整体的角度去思考数学问题，抓住问题的本质和联系，从而建立相应的数学模型。

（四）数学运算

数学运算既是传统的数学三大能力之一，又是数学六大核心素养之一，其重要性不言而喻。数学运算素养直接影响着学生的数学成绩和日后的长远发展。高中生只有具备扎实的运算能力，在面对数学问题时才能快速、准确地梳理出正确的解题思路，才能节省出宝贵的时间去探究新的问题，寻求新的策略和方法。数学运算素养是高中生必备的基本数学素养，也是高中生必须具备的、最基础的、应用最广泛的一种能力。

1. 数学运算素养的概念

数学运算素养是指在明晰运算对象的基础上，依据运算法则和运算定律，正确地进行运算，解决数学问题的素养。数学运算也可以说成是一种演绎推理形式，可以帮助学生快速获得数学问题的结果。运算素养主要包括分析运算条件、探究运算方向、选择运算公式、确定运算程序等一系列过程中的思维素养，也包括在运算实施过程中遇到障碍时，调整运算公式以及实施运算和计算的技能。数学运算并非一种单一的、孤立的数学能力，而是运算技能和数学思维的有机结合。换言之，数学运算素养不仅是一种数学素养，也是一种数学操作能力，更是一种数学思维能力。

2. 数学运算素养的要求

数学运算素养具有四个层次的要求：一是运算结果的准确性，即要保证运算的精准，这是最基本的要求；二是运算的合理性，这是运算素养的核心；三是运算的熟练性，这是对学生掌握程度的考查；四是运算的简洁性，这是运算合理性的标志。数学运算素养的要求反映了思维的灵活性、深刻性和创造性。

3. 数学运算素养对能力的要求

数学运算素养对学生的数学能力提出了一定的要求，只有具备了一定的数学能力，才能发展数学运算素养。数学运算素养需要学生能根据法则、公式、定理等进行正确的运算、变形和数据处理；能够根据问题的条件和目标寻找与设计合理、简洁的运算途径；能根据要求对数据进行估计和近似计算。数学运算素养对学生的要求不只是对数的运算，还包括对式的运算，还需要具备逻辑推理的能力。

4. 数学运算素养的重要性

数学运算素养不仅是数学的一项基本技能，而且是社会生产和生活中的一种工具，也是计算机解决问题的基础。在日常的生产和生活中，对事物的定量分析和定性分析都需要具备较强的数学运算素养，特别是科研、计算机、电子等行业的突破和发展都必须建立在数学运算基础之上。随着信息技术的发展，云计算和大数据的出现，改变了传统的生活和思维方式，数学运算素养的重要性日益凸显。

对于高中生而言，数学运算素养在其学习和成长过程中占据着非常重要的地位。数学运算是学生思维的载体，学生的运算能力体现着学生的数学思维能力，是学生数学素养的一面镜子，是一个学生数学素质的综合体现。数学运算素养的强弱直接关系到学生数学学习成绩的高低。同时，数学运算素养的培养是要让学生提高数学运算能力，能够有效地借助恰当的运算方法来解决生活中的实际问题，通过运算来促进学生数学思维的发展，养成程序化思考问题的习惯，形成一丝不苟、严谨求实的科学精神。

5. 学生数学运算素养的现状

在日常教学中，笔者通过对学生的观察发现很多学生在熟悉的数学情境中能够准确地找出运算对象，但在关联或综合的情境中，学生还没有正确地理解运算对象，就盲目地去做题，结果事倍功半，出现很多运算错误。数学运算素养要求学生能够准确地掌握概念、公式、定理、运算法则等数学基本知识，让学生熟悉这些基本运算知识的适用范围。但在实际的学习过程中，有一部分学生虽然熟练掌握了数学基本的运算知识，但是却忽略了运算知识的适用范围，在做题时不知如何去用或错误地运用，影响数学运算的准确率。数学运算素养需要学生能够根据问题的特征选择合适的运算方法，从而解决数学问题。在平常的学习过程中，当面对简单的数学运算时，大部分学生都能够通过知识的再现找到解决问题的思路，但对于包含多个知识点的综合性问题，很多学生往往思考得不够全面，思维模式混乱，无法形成简洁、合适的运算思路，使数学运算变得复杂化或无法全面解题。有的学生具有求解运算的能力，但遇到复杂的运算时，没有耐心，缺乏坚持运算的意志，导致运算过程半途而废；还有的学生对复杂的数学运算缺乏信心，存在畏难心理，内心害怕运算、抵触运算；还有一部分学生过度依赖于电脑或计算器等电子设备来进行数学运算，对传统的数学运算运用逐渐生疏，从而影响了学生的数学运算能力和数学运算素养的形成和发展。

6. 影响学生数学运算素养的因素

通过对学生数学运算素养现状的分析，可以得出影响学生数学运算素养的因素主要有以下四个方面。一是学生的思想意识。很多学生对数学运算不重视，把数学运算出错的原因归于"粗心""马虎"，没有认识到出错的根源。二是学生的思维方法。在长期的学习过程中，很多学生在头脑中对某些数学问题都存在着一些思维定式，这些固定的思维模式有时会提高学生的数学运算效率，但也会使学生出现思维的惰性，在运算中硬套公式，不会灵活运用，影响运算的速度和准确性。三是现代信息技术的应用。在现实生活中，电脑、计算器、手机等先进的计算工具得到普及，给人们的生活和工作带来了极大的便利，无形中弱化了传统数学运算的技能，影响了学生对口算和笔算的能力，使学生在数学运算上产生了懈怠情绪，懒于提笔运算，没有养成良好的运算习惯。四是学生的对比意识。对于数学运算方法的选择一般采用"择优而从"的原则，但在实际学习中，很多学生缺乏对比意识，经常找到一种思路就直接运算下去，而不考虑思路是否为最优，使运算过程变得复杂而冗长，浪费了很多时间，却没有得到应有的学习效果。

7. 基于数学运算素养的教学建议

为解决学生运算上的问题，减少运算错误，笔者从数学运算的内涵出发，提出以下建议。

第一，明确运算对象，挖掘对象本质。在教学中，教师要指导学生认真阅读，思考运算过程相关的条件和结论，对最容易忽视的内容和数据进行重点标记，通过由表及里、去伪存真的分析和抽象，明确运算对象，挖掘运算对象的本质，让学生充分地理解运算对象。

第二，掌握运算法则，展示形成过程。在高中数学中，不同的知识有不同的运算法则和运算规律。比如，函数运算、向量运算、概率统计运算等都具有不同的运算法则和思维方法。在教学中，教师要重视公式、法则和定理的推导和证明，让学生感受知识的形成过程，使学生更好地理解运算对象的运算规律和其中所蕴含的数学思想，从而提高学生的数学运算素养。

第三，探寻运算思路，优化运算过程。教师在教学过程中要加强对学生的思维引导，在运算时，鼓励学生探索不同的运算思路，在众多思路中，比较选择运算最为简便的思路，使运算过程达到最优，降低数学运算的复杂程度和难度，快速、准确、顺利地得出结果。

第四，重视运算过程，强化结果反思。在具体的运算过程中，经常会有没有预想到的情况出现，对此，教师要指导学生学会边运算、边思考，让学生全面地思考问题，针对每一步的运算都要进行反思，培养学生规范化思考的品质和科学严谨的数学精神。当发现运算思路存在漏洞时，教师要指导学生学会及时进行调整和优化，提高运算的正确率。当学生完成整个数学运算过程后，教师要和学生一起进行反思，总结归纳运算过程中出现的问题和表现出来的优点，提高学生的自我认知，和学生一起分析运算错误的根源所在，强化学生对数学运算内涵的理解，将数学运算素养落到实处。

（五）直观想象

1. 直观想象的概念

直观想象是指借助几何直观图形和空间想象，感知事物的形态与变化，利用空间形式和图形解决数学问题的素养。主要包括：借助空间认识事物的位置关系、形态变化和运动规律，利用图形描述、分析数学问题，建立数与形的联系，构建数学问题直观模型，探索解决问题的思路。直观想象是发现和提出问题、分析和解决问题的重要手段，也是构建数学直观模型、探索解决问题路径的重要思维方法。直观想象是学生认知能力的重要组成部分，对学生数学思维和数学思想的发展具有重要的作用。

2. 直观想象的基本特征

经验性、整体性、逻辑性和预见性是直观想象的四大基本特征。

经验性。直观想象是建立在已有的知识经验、生活经验和活动经验基础之上，利用已有经验对抽象的数学问题产生形象的感知，并通过不断的经验积累和升华，形成新的经验，从而不断提高直观想象素养。这一特征要求教师在平常的教学过程中要积极开展各种实践活动，引导学生在活动中不断积累经验，帮助学生更直观地去理解数学。

整体性。具有直观想象素养的学生经常借助直观，习惯从结构、关系、类别、层次及系统等各个角度去看待数学问题，了解数学知识之间的区别和联系，并将所获取的信息归纳整理为一个完整的体系，形成清晰、融会贯通的数学知识结构，体现出一种整体性思维。

逻辑性。直观想象是借助几何直观和空间想象来感知事物的形态、位置和变化，通过直观想象在数和形之间建立起联系，在此基础上去对数学问题进行分析和探索，经过合理的数学思考和严密的逻辑推理得出科学结论，在解决问题的过程中充分体现出了逻辑性。

预见性。学生在直观想象的过程中会引发深度思考，会拓展学生的想象空间，激起学生更广泛的联想和猜想，促使学生自觉或不自觉地运用直觉和经验，得到新的结论或在解决问题的过程中能有新的突破，因此，直观想象具有极强的创造性和预见性。

3. 直观想象的水平层次

直观想象的发展是循序渐进的，每个学生必须经历从直观到抽象、有形到无形、外在到内在、非逻辑到逻辑的过程，任何学生都不能跨越式发展。按照由低到高的层次，可以将学生的直观想象水平分为以下五个层次。第一层次是视觉水平，这是直观想象的最低层次，在这一层次中，学生只能根据自己所能看到的事物的外在形态对事物加以区分。第二层次是分析描述水平。在这一层次中学生能够根据已有的知识和经验，对自己所看见的事物的外在形态加以分析和描述，但仍不能理解自己所看到的和数学知识之间的逻辑关系。第三层次是抽象关系水平。学生凭借一定的直观经验能够理解数学知识，能够认识到自己所看见的和数学知识之间的逻辑关系，并可以用简单的、非正式的推理来验证自己凭直观经验得出的结论。第四层次是推理水平。学生对于结论的获取不再是凭借直观经验，而是开始习惯于通过逻辑推理，综合运用已学知识和已有经验去主动探索解决问题的方法和思路。第五层次是公理化水平。学生已经可以从基本的数学概念和数学基本命题出发，运用逻辑推理法则，把数学建立成为演绎系统，建立起数与形的联系，构建出数学问题的直观模型。

4. 直观想象素养在高中数学中的体现

从高中数学教学的目标和要求来看，直观想象素养渗透于整个高中数学的教学和学习过程中，主要表现在函数、几何与代数、统计与概率、数学建模活动和数学探究活动等五大主题的学习过程中。高中阶段学生的直观想象素养主要表现在学生的数学直观和空间想象能力上，具体表现为：直观想象感知、直观想象分析、直观探索问题和直观想象构建。

在直观想象感知中，直观想象素养主要有四种表现。第一，抽象几何图形，学生是否可以根据物体的大概特征或详细特征抽象出几何图形；第二，想象实际物体，学生能否根据几何图形想象或语言描述想象出所描述的实际物体；第三，图形运动变化，学生是否能够通过想象物体的方位和相互之间的位置关系用自己的语言或用数学语言来描述图形的运动变化；第四，根据描述画出图形，学生是否能够根据语言描述画出简单或复杂的图形。

在直观想象分析中，直观想象素养主要表现为学生能否借助各种几何直观图形来理解数学概念、描述数学问题、分析数学问题。

在直观探索问题中，直观想象素养主要表现为学生能否通过对实物的动手操作进行几何直观探索。

在直观想象构建中，直观想象素养主要表现为四种类型。一是图形建构，学生是否具有直观构建的意识，能否主动借助图形来表征问题，学生是否能够从问题的多种表征方式中选取最简洁、最直观的表征方式；二是图形分析，学生是否能够把握图形的大致结构并由图形局部想象图形整体，学生是否能将图形局部进行分解、组合或是通过图形转换，从图形的内外部特征来把握图形的本质；三是数形结合，学生是否能够意识到问题情境与图形之间的关联，是否能够结合图形理解具体数据，获取有效的数据信息，实现数与形的灵活转换；四是直观迁移，学生是否能够借助几何图形直观探索，描述分析几何以外的其他数学领域的问题。

5.直观想象素养的意义

高中数学抽象、复杂，对于很多学生来说难以掌握，面对枯燥乏味的逻辑推理，很多学生都望而生畏。如果学生具备直观想象素养，就可以利用直观想象来解决数学问题，将抽象的数学语言配以直观的几何图形描述，学生很容易就能够理解和记忆，找到数学问题的本质，降低数学知识的难度，使学生对数学学习产生兴趣。同时通过对生动形象的直观图形的分析、理解和创造，有助于启发学生的灵感，培养学生的创造力。在很多情况下，简洁直观的图形更易于数学问题的表述，也更易于启发学生的解题思路，因而，直观想象便于学生阐述数学问题，优化了学生的思维能力和数学语言运用能力。在直观想象素养培养的过程中，学生养成了画图、用图思考问题的习惯，学会了数形结合的思考方式，拓展了学生的思维方式，发展了学生的抽象思维和逻辑思维。因此，直观想象素养不仅有利于学生获取数学信息，也是学生解决数学问题的有力思维工具和重要过程。

6. 基于直观想象素养的教学建议

直观想象素养对学生的数学认知产生了不可估量的重要作用，无论是数学结论的获得还是数学问题的解决，都需要利用直观想象，借助几何图形去思考，从而获得解决问题的途径。这就需要学生不断积累自己的直观想象经验，提升自己的直观想象素养。课堂教学活动是学生积累直观想象经验的主渠道，所以教师要在课堂教学中，利用直观几何图形启发学生去想象，引导学生的理性思考。

在具体教学过程中，教师可以通过数形转化思想来启发学生的直观想象。比如在函数教学中，如果仅靠教师的讲述让学生理解函数的性质、最值、单调性、对称性等问题，学生会感到难度较大，理解起来比较抽象，记忆也不牢固。若是借助直观想象，通过画出对应函数的图象，在定义域内截出部分图象，函数的各个知识点就会一目了然，学生理解记忆起来也更方便、更牢固。数学本身就是数与形的结合体，人们常说"数缺少形变抽象，形缺少数难讨论"，数是形的抽象和概括，形是数的直观体现。教师在教学时要注重向学生渗透"数形结合"的思想方法，让学生养成用"形"解题的习惯，指导学生灵活运用数形结合的解题方法，学会数形之间的自由转换。在教学过程中，教师可以结合教学内容，将实物模具用到课堂教学中，通过具体实物引导学生的空间直观想象。比如，在讲解长方体、正方体、圆柱体、圆锥体等相关立体几何知识时，教师就可以借助实物模型，引导学生快速入门，掌握、理解相关的概念和性质，慢慢学会对直观图的观察。教师还可以通过引导学生制作模型、画图、拆解等课堂教学活动，开展对立体几何图形的探究，指导学生用逻辑推理的方法研究图形的性质，帮助学生从逻辑角度去认识几何空间，学会几何思考的方法，从而培养学生的空间想象能力和逻辑推理能力。教师还要注重教学情境的创设，引导学生在一定的问题情境中开展直观想象感知、直观想象分析和直观想象构建等活动，使学生从已有的知识和经验出发，通过直观想象获得相应的知识和技能，发展学生的思维能力。

（六）数据分析

随着信息科学技术的迅猛发展，我们已经迈入大数据时代，数据分析是大数据时代数学应用的主要方法，已经深入现代社会和科学研究的各个方面。"用数据说话"已经成为这个时代的特征，也是全社会的共识，数据分析成为未来人才必备的技能和素养。

1.数据分析素养的概念

数据分析素养是指学生针对研究对象获取数据，运用科学的数学方法对数据进行收集、整理、筛选、分析、归纳等一系列活动，所形成的对数据的获取能力及运用数据的能力素养。从数学知识的角度看，数据分析素养就是通过数据探索问题的本质和规律的能力，知道哪些数据是有研究价值的，哪些数据是没有价值或意义的；从数据意识的角度看，数据分析素养就是在面对具体的事物或问题时，能想到收集数据和分析数据，从数据的角度去客观、理性地思考问题、分析问题；从数学能力的角度看，数据分析素养要有数据感知能力、数据处理能力、数据质疑能力和数据应用能力。简而言之，数据分析素养就是在解决和分析问题的过程中利用数据的能力以及分析数据的水平和素养。数据分析的主要过程包括收集数据、整理数据、提取信息、构建模型、进行推理、获得结论。数据分析素养的培养就是要提升学生的数据处理能力，增强学生基于数据表达现实问题的意识，培养学生利用数据思考问题的习惯，在数据分析、处理的过程中积累知识探索的相关经验。

2.数据分析素养的价值意义

概率与统计是高中数学的重要组成部分，在高中数学体系中占据着非常重要的地位。而概率与统计是以数据为研究对象的学科，通过收集数据、分析数据来解决问题，对未来发展做出科学、合理的预测，所以，数据分析素养是概率与统计教学的核心内容。数据分析素养对学生的成长和发展具有深远的影响。在数据分析过程中，学生会根据不同的数据、不同的背景，选用恰当的数据分析方法，从众多数据中提取有效的数据信息，让学生在数据分析中体会到什么是偶然性、随机性和规律性，提高学生对数据的敏感程度，培养学生思维的灵活性。数据分析素养在本质上体现的是数学的基本思想，在对数据进行分析统计的过程中，往往需要渗透归纳思想、类比思想、统计思想、逻辑推理等数学思想和方法，有助于学生数据分析素养的形成和发展。在培养学生数据分析素养的过程中，通过各种数据分析教学活动的开展，让学生体会到运用数据分析可以合理地解释、解决生活中的很多实际问题，让学生更深刻地感受到数据分析素养在现实生活中的实用价值，有利于发展学生的应用意识，提高学生的实践能力。所以，培养学生的数据分析素养是高中数学课堂教学的重要目标之一，也是培养学生数学核心素养的重要内容。

3. 数据分析素养的评价标准

对于数据分析素养水平的评价标准，不同的人有不同的理解和看法。在核心素养视域下，笔者认为，对学生数据分析素养水平的评价应当更加具体、全面，主要包括以下六个方面：一是获取有效数据信息的能力，在面对数学问题时，学生能否直击要害、简明扼要、清晰地表达自己的观点和想法；二是对数据进行分析、评价的能力，数据无处不在，人们很容易被它淹没，其在浩瀚的数据海洋中难辨真假，很多重要的信息都有被忽略的可能，所以，在衡量学生的数据分析素养时，一定要考查学生对重点信息的筛选和提取；三是对收集到的数据进行处理的能力，即对收集到的数据进行归类和整理，剔除其中的无效数据，使收集到的数据呈现出系统性、逻辑性；四是运用信息技术处理数据的能力，在新时代背景下，传统的数据处理方式效率低、准确性差，已经不能适应当今社会的发展需求，Excel、数据透视表、VBA 程序等先进的数据分析工具，已经被广泛应用于数据分析中，利用信息技术处理数据的能力成了评价学生数据分析素养的标准之一；五是利用数据信息进行自主学习的能力；六是学生在大数据背景下表现出来的社会责任和道德情感。具备数据分析素养的人会不断地质疑自己获取到的信息，不断提出疑问，在质疑中不断获取新知，有助于培养学生严谨务实的学习态度和勇于探究的科学精神。

4. 高中数据分析素养的培养目标

知识和技能。在核心素养的视域下，要让学生认清当前大数据的时代背景，了解数据的发展趋势，明确数据分析的价值和意义，强化学生数据分析的理论知识学习能力，培养学生运用信息技术来处理、分析数据的技能。

数据分析方法。要想对数据进行透彻的分析，除了具备数据分析的知识和技能外，还需要有正确、科学的数据分析方法。在日常的学习和生活中，学生要有一定的观察能力和独立思考能力，善于归纳总结，不断积累学习和生活经验。总结数据分析的方法和规律，准确定位自己所需要的数据信息，并对这些数据信息及时地做出自己的评价，从而节省时间，提高数据分析的效率。同时，还要要求学生们学会交流合作，通过合作提高数据分析的效率。

态度培养。在高中数学的学习过程中，特别是在概率与统计教学中，经常需要大量的数据分析和处理，而在大量的数据面前，很多学生会厌烦、缺乏耐心。所以，教师在高中数学的教学过程中，要培养学生的耐心和细心，引导学生去体会数据分析的趣味性，感悟数据分析的价值和意义，使学生能够积极主动去学习，形成端正的学习态度，提高学习的自主性。

5. 高中生数据分析素养的培养内容

高中生数据分析素养的培养内容主要包括数据意识、数据知识和数据能力。

数据意识。培养高中生的数据分析素养，首先就要培养学生的数据意识，我们正处于一个大数据的时代，各种各样的数据每天都在增加和更新，所以，教师在教学时一定要注重培养学生的数据意识，让学生尊重数据、尊重知识，认识到数据的魅力。培养学生用数据解决问题的习惯，只有这样学生才不会轻易错过任何有价值的数据信息。

数据知识。数据知识就是和数据、数据分析相关的各种理论知识，不仅包括传统数据分析的理论经验和方法，获取数据和计算数据的方法，也包括现代先进的信息技术和各种数据分析软件，还包括对未来数据的变化和国际形势的了解和把握，使数据分析具有时代性、时效性和前瞻性。

数据能力。数据能力不仅是数据分析素养的重要内容，也是数据分析素养培养的重要目标。主要包括收集数据的能力、筛选数据的能力、分析数据的能力、保存数据的能力、评价数据的能力等，还包括数据分析所需要的数学逻辑思维能力、观察分析能力、独立思考能力、自主学习能力等。

6. 基于数据分析素养的教学建议

在高中数学教学中，教师让学生理解数据分析的思想远比教授数据分析的方法更重要。教师在教学时可以以实际生活案例为背景，通过对实际问题的解决来让学生理解数据分析的思想，而不是对公式和概念进行死记硬背，"做数学"远比"听数学"的教学效果更好，教师在教学的过程中，要结合教学内容和教学实际，多创造机会和条件，组织学生针对当前的热点话题或学生的生活实际开展完整的统计调查活动，让学生亲身参与到问卷设计、样本采取、收集数据、整理数据、提取数据特征、总结数据结论、对数据结论进行评价的整个过程。让学生自主地去思考问题，运用所学知识来解决问题，提高学生的数据分析和运用能力，促进学生数据分析素养的形成与发展。教师还要教授学生不同的数据处理和分析方法，除了教会学生手工处理外，还要教会学生相关数据处理软件的用法，使学生认识到科技对人类学习和生活的帮助，运用数据处理软件，提高数据分析的效率。教师可以借助先进的信息技术向学生展示不同的数据分析方法，使学生直观地感受不同类型的数据所对应的不同的分析方法，促使学生学会"量体裁衣"，根据实际情况来选择合适的分析方法。教师还要认真研读教材，将学生数据分析素养的培养渗透在日常的教学中，结合相关内容有意识地培养学生的洞察力和分析力，培养学生的数据分析素养。

三、数学核心素养的特性

（一）情境性

作为综合核心素养的重要组成部分，数学核心素养与情境有着密不可分的关系。数学核心素养作为学习者的内在品质和关键能力，是不可能在短时间内就养成的，它需要学生在有特定情境的教学活动中通过自己的独立思考以及和教师、同学的交流讨论中逐渐形成一种思维习惯，是需要经过潜移默化的学习才能获得的。核心素养视域下的数学教学，需要在教学活动中创设合适的教学情境，触动学生的心灵，和学生产生情感共鸣，让学生在具体的情境中来感悟数学思想，积累数学经验，在解决情境中所蕴含的数学问题的过程中，形成和发展数学核心素养。总之，情境是培养与发展数学核心素养的必要条件，也是评价数学核心素养的重要依据。多样的教学情境，可以培养和发展学生的数学核心素养，促使学生形成未来社会所必需的能力与品格，有助于学生的全面发展。

（二）个体性

每个人都是独立的个体，由于性格、成长环境、生活方式、学习能力、学习基础、生活经验、生活阅历等的不同，人们在面对同一个事物或问题时，所表现出来的认知也会大不相同。学生数学核心素养的形成和发展在很大程度上依赖于教师的科学指导，但教师所能提供给学生的只是知识的表层，而对于知识背后更深层次的本质，需要学生自己去探索和发掘。在本质探索的过程中，每个学生都会建构、生成不同的知识认知，获得不同的探索体验和感悟，也会形成不同的学习态度，表现出不同的情感和道德品质，使不同的学生形成了不同的数学核心素养，因而，数学核心素养呈现明显的个体性。

（三）整体性

数学核心素养是学生在漫长的学习和生活中，不断学习、积累，逐渐形成的具有特定意义的综合能力。数学核心素养不是单独指某一个或某一些知识与技能，也不是一般意义上的数学能力，它是一个综合、整体的概念。不仅包括数学理论知识和技能，也包括在数学学习过程中形成的数学本质和数学思想，是人们通过数学学习建立起来的认识、理解和处理问题时所具备的品质和能力。数学核心素养的六大素养不是相互独立的，而是相互交融的、不可分割的整体。所有数学问题的解决都要依赖于这六大素养，缺失其中的任何一个，问题都不能得到完全、有效地解决，任何人也无法因为具备其中的某一个或几个素养，就成为具备较高数学核心素养的人，六大素养构成了数学核心素养，六者缺一不可，所以，数学核心素养具有整体性。

（四）表现性

数学核心素养具有数学学科的属性，与数学学科特征和数学思维密切联系，数学核心素养贯穿于高中数学教学和学习的始终，与每一个学习内容都有千丝万缕的联系，但是，数学核心素养作为一种数学意识，是看不见、摸不着的，但却可以通过学生在特定情境中的行为和解题的过程中表现出来，比如，在数学建模的过程中，学生的核心素养就在抽象、分析、实验、操作、分析、推理、计算、归纳、反思等一系列学习行为中表现了出来。数学核心素养虽然没有实物形态，但存在于学生的一言一行之中，只要善于观察和思考，每个人的数学素养都很容易被发现，因而数学核心素养具有明显的表现性。

（五）生成性

传统的"双基教学"靠的是教师的"填鸭式""题海战术"的教学方式，与其相比，数学核心素养视域下的高中数学教学靠的是学生在特定情境中的自主探索和研究，在一系列的探究活动中感受数学知识的形成过程，理解数学知识的本质，感悟数学思想，掌握并灵活地运用数学基本技能，数学核心素养就在数学学习活动中逐渐生成，并不断提升。数学核心素养的形成和发展是一个主动生成的过程，而不是靠外界力量的强制灌输，所以数学核心素养具有生成性的特征。

（六）发展性

数学核心素养的形成与学生的先天因素有一定的关系，但是先天因素并不是学生数学核心素养发展的决定因素。数学核心素养的形成与后天的学习是紧密相关的，大多数人的数学核心素养都是在后天学习过程中慢慢形成并发展起来的。数学核心素养是在学生的认知能力、年龄特点、学习接受能力等基础上建立发展起来的，不同年龄段的学生会表现出不同的数学核心素养，并且随着年龄的增长、个性能力的提升，学生的数学核心素养也会向更高层次推进和发展。数学核心素养是一个循序渐进的、不断提升的、持续的发展过程，绝不是在某一个阶段就能完全实现的，因此数学核心素养具有发展性的特点。

（七）持续性

数学核心素养是学生在长期的学习和生活中，通过学习、积累、反思、沉淀和升华，逐渐形成的一种思维倾向、思维能力和思维品质，是内在的、稳定的素养，将会持续地影响着学生未来的工作、学习和生活。每个人在面对生活中的问题时经常会有意识、无意识地运用数学思维去思考问题、解决问题，甚至会用数学思维和数学知识去解决数学范畴以外的问题。数学核心素养随着时代的发展不断加入新的时代元素，数学核心素养是与时俱进的。所以，学生数学核心素养的发展是永无止境的，数学核心素养的培养不是即时性的，而是持续性的、终身的，是随着时代发展在学习和生活中持续完善和发展的。

第二节 高中数学核心素养的理论认识

一、数学核心素养的教育价值

核心素养视域下的各科教学都要从学科素养的高度出发，并以学科素养作为学科教学的终极目标。在众多数学素养中，数学核心素养是处于核心位置的、最基本、最重要、起关键性作用的素养。随着核心素养理念的不断深入，高中数学教学改革不断向更深层次推进，数学核心素养的教育价值日益凸显出来。

（一）数学核心素养是学生数学素养的重要内容

数学核心素养是在数学抽象、数学运算、逻辑推理、数学建模等基本数学知识和数学技能的基础上所形成的数学思想方法和态度，侧面体现出了学生对数学在现实生活中的价值和作用的正确认识。数学素养是指为了满足个人发展的需要所具备的认识、理解数学的能力，做出准确数学判断的能力，以及参与数学活动的能力。数学核心素养是学生数学素养的重要组成部分，位于学生数学素养的核心位置，一切教学活动都以数学核心素养为起点和归宿。数学核心素养是数学素养中最重要的思维品质和关键能力，是经过不断学习、积累起来的数学认知和解决问题所必备的能力和品质，是在解决问题时所表现出来的思考方法和解决策略。数学核心素养和数学知识、数学探索能力、解决问题的能力共同构成了数学素养，数学核心素养是学生数学素养的重要组成部分，是学生数学素养的重要内容。

（二）数学核心素养是高中数学课堂教学的基本理念和总体目标

高中数学课堂教学的总体目标是培养高中生作为未来公民所必须具备的数学素养，以更好地满足学生未来发展和社会进步的需要。高中数学教育的一个重要价值就在于提升学生的数学素养，因此提升学生的数学核心素养成了高中数学教育的重中之重。学生数学核心素养的提高是高中数学课堂教学良好教学效果的重要体现，也是学生在数学方面获得良好发展的重要标志。高中数学课堂教学不仅要让学生掌握数学知识，学会数学方法，还要有意识地培养学生的数学思想和数学思维，帮助学生积累数学思维活动和实践活动经验，而这些正是数学核心素养的重要组成部分，也是学生在现代社会中必不可少的素养，是学生学习必不可少的条件。数学核心素养是高中数学课堂教学的重要理念，也是重要的教学目标，是对学生提出的基本要求，对学生的未来发展具有深远的影响。

（三）数学核心素养有利于培养正确的数学观念

数学观念也被人们称为"数学头脑"，是指人们运用数学思维、数学知识、数学技能等思考问题、分析问题、解决问题的自觉意识和思维习惯。主要包括推理意识、抽象意识、整体意识、化归意识和应用意识。推理意识是指当遇到问题时，能够根据自己的经验和已学知识对问题进行大胆、合理的推测；抽象意识是指在遇到问题时习惯于从本质上去看待问题，将现实问题自觉地转化为数学问题；整体意识是指在分析问题和解决问题的过程中要全面地、整体地去看待问题，从全局来考虑问题；化归意识是指在问题研究过程中要用联系的、发展的、运动的眼光看问题，将复杂的问题按照一定的方法和原则进行转化，化难为易，将其转化为简单的、易于解决的问题；应用意识是指当面对问题时能够主动尝试运用数学思想方法来解决问题，同时也指运用已学知识主动探索新知的意识。推理意识、抽象意识、整体意识、化归意识和应用意识共同构成了我们常说的"数学观念"，引导、制约着数学教育，同时也改变着数学教育。

在核心素养视域下，高中数学核心素养深刻地影响着学生的数学观。数学抽象素养帮助学生更好地理解数学知识，认清数学问题的本质，提高了学生的抽象思考能力和数学理解能力，有助于发展学生的推理意识和抽象意识，促使学生形成合理、科学的数学观念。逻辑推理素养主要涉及类比、归纳、演绎等数学思想方法，可以帮助学生理解、建立起与数学知识之间的联系，有助于培养学生的整体意识和化归意识，促使学生形成有条理的数学观。数学建模素养培养了学生数学建模、解决问题的能力，学生可以从数学的角度去看待问题、分析问题，用数学语言表述问题、解决问题，数学问题的解决有理有据，学生的数学应用意识得到了很好的发展和实践。数学运算素养、直观想象素养和数据分析素养为学生提供了正确解决问题的途径和方法，培养了学生的应用意识，帮助学生矫正了错误的数学观。数学核心素养有利于培养学生正确的数学观念。

（四）数学核心素养可以有效地指导教学实践

随着新课程改革的不断推进，教育部针对高中数学学科的特点，对学生提出了数学核心素养的要求。为了落实当前教育改革的目标，一线高中数学教师开始在核心素养视域下积极探索对学生进行数学核心素养培养的策略。数学核心素养的教育理念在优化课堂教学、提高学生数学素养方面发挥了重要的指导作用，有效地指导了教学实践。在以往的高中数学教学中，教学目标的设计是教师进行一切教学活动的开端，在对学生进行数学知识的讲解中，教师经常以教学目标的内容为导向，在设计课堂教学活动、选择课堂教学策略、落实教学目标的基础上，提高教学效果。而数学核心素养下的高中数学课堂教学，从数学核心素养的多个角度对学生进行要求，将教学目标进行细化，并以数学核心素养为指导，做好教学策略和教学活动的安排，在培养学生数学核心素养的同时满足教学目标的要求。在数学核心素养的指导下，教师改变了传统"一言堂"的课堂教学模式，在教学过程中引入了生活元素，积极引导学生进行数学建模、小组合作等教学活动，借助丰富多彩的教学活动，促进学生核心素养的发展，让学生在实际应用数学知识的过程中，满足数学核心素养的要求。数学核心素养有效地指导了教学实践，大大提高了高中数学的课堂教学效率。

二、数学核心素养与学生发展核心素养的关系

（一）学生发展核心素养

1. 总体框架

学生发展核心素养主要是指学生应具备的、能够适应终身发展和社会发展需要的必备品格和关键能力。对学生发展核心素养的研究是落实立德树人根本任务的一项重要举措，也是顺应教育改革发展趋势、提升我国教育竞争力的迫切需要。中国学生发展核心素养以科学性、时代性和民族性为基本原则，以培养全面发展的人为核心，包括文化基础、自主发展、社会参与三个方面，综合表现为人文底蕴、科学精神、学会学习、健康生活、责任担当、实践创新六大素养，并具体细化为国家认同的十八个基本要点。

2. 基本内涵

①文化基础。深厚的文化基础是中华民族生生不息的根基所在，具体表现为人文底蕴和科学精神两大素养。人文底蕴是学生在学习、理解、运用人文领域知识和技能等方面所形成的基本能力、情感态度和价值取向，主要包括人文积淀、人文情怀和审美情趣等基本点。科学精神是学生在学习、理解、运用科学知识和技能等方面所形成的价值标准、思维方式和行为表现，具体细化为理性思维、批判质疑、勇于探究等基本点。②自主发展。自主发展重在强调学生的主体性，强调学生可以有效地管理自己的学习和生活，对自己有正确的自我认知，主要包括学会学习、健康生活两大素养。学会学习主要是指学生拥有自主学习的意识和方法，

可以对自己的学习进程进行科学的评估和调控，具体包括乐学善学、勤于反思、信息意识等基本要点。健康生活主要是指学生在认识自我、发展身心和规划人生等方面的综合表现，具体包括珍爱生命、健全人格、自我管理等基本要点。③社会参与。社会性是人的本质属性。社会参与重在强调学生能处理好自我和社会的关系，增强个人的社会责任感，自觉遵守和履行社会道德准则和行为规范，提升实践能力和创新精神，促进个人价值的实现，推动社会的发展进步，成为具有崇高理想信念、敢于担当的合格接班人。社会参与可以细分为责任担当和实践创新两大基本素养。责任担当主要是指学生在处理社会、国家、国际等关系和形势时，所形成的情感态度、价值取向和行为方式，具体可以细化为社会责任、国家认同、国际理解等基本要点。实践创新主要是指学生在日常活动、问题解决、适应挑战等方面所形成的实践能力、创新意识和行为表现，具体可以细化为劳动意识、问题解决、技术应用等基本要点。

（二）数学核心素养与学生发展核心素养的关系

数学核心素养是具有数学基本特征的适应个人发展和社会发展需要的关键能力和思维品质，是从学科的内部角度界定的本学科的核心素养，具有明显的学科性。学生发展核心素养是针对学生在一个阶段的学习形成的综合发展，包括重要和关键的品格和能力。

数学核心素养是在学生发展核心素养的框架下，根据数学的学科特征和育人目的提出来的，具有大局观、大视野，承担了一定的公共责任和义务，突破了知识本位的思想局限，体现了学生总体的核心素养。数学核心素养的培养有利于全面落实学生发展核心素养。

数学核心素养和学生发展核心素养是相交的，数学核心素养的总和不等于学生发展核心素养，主要原因在于数学教学不是学校教育的全部，学生发展核心素养也不是全部依靠学科课程和教学来形成的，有些数学核心素养对于数学学科本身是非常重要和关键的，但是对于学生的一般发展却未必重要。比如，几何直观是数学核心素养之一，在解决数学问题的过程中属于数学关键能力，但对于学生的一般发展却不是必需的。

高中数学的课堂教学和教学目标既要由学科本身的特殊性来决定，

同时也要受制于学生全面发展的总目标。高中数学的课程设计和教学过程，既要关注学生的学科核心素养，同时又要关注学生的发展核心素养，高中数学的课堂教学同时承担着学科目标的实现和学生一般发展目标的实现。数学课堂教学是培养学生数学核心素养，形成学生发展核心素养的重要途径。

学生发展核心素养具有跨学科性，但它不是独立存在的，必须通过各学科的课程教学来实现。学生发展核心素养需要通过高中数学的课程教学来实现，高中数学具有培养学生形成数学核心素养的任务，同样也是实现学生发展核心素养的重要载体，数学核心素养是学生发展核心素养的重要组成部分。

三、核心素养是"关键素养"，不是"全面素养"

教育界对核心素养产生了两种观点，一种观点认为，学生发展核心素养内容涵盖较多、范围较宽泛，缺乏核心特质，因而把核心素养视为"全面素养"；还有一种观点认为，核心素养是全面素养的全息单元，二者并不矛盾，更加强调核心素养的"核心"，即学生未来生活和社会发展最为突出的需求，而这种需求就是"关键素养"，因而把核心素养视为"关键素养"。无论是把核心素养解读为全面素养，还是解读为关键素养，都是从核心素养的本体角度做出的阐释，也就是在探讨核心素养应该"是什么"的问题，体现的是核心素养自身的概念逻辑。然而，立足当前新课程改革的大背景下，对核心素养的研究和探讨要超越本体论和认识论的范畴，从课程改革方法论的角度来理解核心素养。

将核心素养理解为"全面素养"是基于一种科学理性的精神而给出的，不仅内在的假定课程改革的方案是合理的，还同样做出了理性的假定，认为一个合理的课程改革方案一定会被实践者认同、接受并得到有效的落实。以往全面素养视域下的课程教学改革主要是依靠自上而下的力量来完成的，如依靠相应的法律、制度、政策等来推动改革的进行，课程改革具有外力推动和强制性的特征，与我国当前的新课程教育改革不相符。全面素养是以课程改革意欲实现的目的为依据，来决定实践者采取何种手段和方法，教育实施者需要对课程教学的内容、方法、本质和价值进行全面的创新，很容易造成人们对以往课改的否定，使人们出现割裂式的改革思维。当前的新课程教学改革是在原有教育基础上进行发展、完善和创新，并不是对以前教育模式的全盘否定。所以对全面素养的理解和当前的教育改革存在着冲突和矛盾。

将核心素养理解为"关键素养"，是从学生未来生活需要和社会发展需要出发，界定学生在当前和未来生活中应该具备的最为重要的知识、能力、品质、情感等，突出的是核心素养的"核心"，强调的是个人成长和社会需要。基于这一理解，课程改革所关注的焦点不再是整体教学方案的合理设计，而是如何在课程与教学中以零散的方式实现关键素养的培养，主要做法就是在教育和教学中寻找当下或未来学生与社会发展需求之间最为突出的矛盾和关键问题，并通过课程改革解决这一矛盾和问题。这就意味着新的课程改革是在既有教学模式上寻找创新和发展的突破口，实现以点带面，有助于教学改革的推进，避免了断裂式改革思维的出现。将核心素养理解为"关键素养"，意味着问题推动式改革思维的确立，教学改革的实施者需要审视自身的发展需求和面临的问题，积极寻找解决问题的路径。不同的学科、不同的阶段、不同的施教者会根据自己的教学实际和学生需求确定自己教学的"关键素养"，同时也会用自己的教学经验来推动课程教学改革的进程，表现出内发式的改革路径，呈现出开放、动态、发展的特征，意味着课程教育改革由过去的文本层面逐渐向教师领悟的课程、实际运作的课程和学生实践的课程所倾斜，更加切合我国教育课程改革的历史与现实，也更加符合课程改革不断深化的未来诉求。因此，将核心素养解读为"关键素养"，更加切合我国教育改革的实际和未来发展。

第二章 核心素养下的高中数学 课堂教学设计

第一节 课堂教学设计的四个方面

课堂教学是教育教学中普遍应用的一种手段。课堂教学具有非常强的目的性和意识性，它是教师引导学生学习知识、锻炼技能、感悟思想、生成体验的全过程。课堂教学的核心是调动全体学生主动参与学习的全过程，以情境和问题为引领，组织展示、交流、评价等活动，引导学生自主学习、深度思考、和谐发展。

笔者主要通过"情境创设—问题引领—文化渗透—建模探究"四个方面来推进素养课堂建设。

一、情境创设

数学学科核心素养通常是在综合化、复杂化的情境中通过个体与情境的有效互动生成的。创设合适情境是数学核心素养教学的关注点。数学教学情境包括课程学习情境、探索创新情境、社会实践情境。

有学者指出，课程学习情境关注学生已有的知识基础和掌握程度，包括数学概念、数学原理、数学运算、数学推理等问题情境；探索创新情境关注与未来学习的关联和数学学科内部的更深入的探索，包括数学实验、数学探究、数学创新等问题情境；社会实践情境则关注数学与其他学科和社会生活的关联，包括现实生活、生产实际、科学研究等问题情境。

教师要充分利用教材中的情境，并广泛了解数学与生活、数学与其他学科的联系，创造出符合学生认识规律、有助于提升学科核心素养的情境。

（一）情境创设的基本原则

1. 目的性原则

情境创设的目的是为课程教学服务的。例如，在讲授"三视图"时，可引用苏东坡《题西林壁》中的诗句，"横看成岭侧成峰，远近高低各不同"。虽然是以诗句引入，却与"三视图"联系紧密。几何体在不同视角下会有不同的外在呈现形式，多个角度观察才能了解事物的全貌。而且诗文的加入让"三视图"增添了哲学的含义。

2. 趣味性原则

情境应该具有一定的新颖性和生动性，能够激发学生的兴趣和好奇心。例如，在讲授等比数列求和的知识中，可以以"国王的棋盘的故事"为背景，辅以问题"如果你是国王，你会答应数学家的报酬吗"引起悬念，吊起学生的胃口；再如"函数模型的应用"中，可以以"良渚古城距今年代的测算"为背景，辅以问题"考古学者是如何推算出良渚古城的建造年代，进而为中华五千年文明提供实证的"激发学生的兴趣，引起好奇心。

3. 障碍性原则

情境中产生的问题要有一定的坡度和难度，能够造成学生的认知冲突，调动学生的思维积极性，激发学生解决问题的欲望。例如，在学习"两角差的余弦公式"时，可提出问题"如何求解 $\cos15°$" $15°$ 并不是学生所接触的特殊角，所以会给学生造成一定的阻碍，但是它又与特殊的角度有着紧密的联系。这样的情境会激发起学生求知的内驱，有利于学生积极主动地参与课堂教学。

4. 开放性原则

情境可以具有一定的开放性，以使得学习水平不同的学生都能积极地参与问题的发现、探究和解决。开放的情境可以激发学生的发散思维，培养学生的创新能力和求异思维。例如，在直线与圆锥曲线的教学中，教师完全可以给出一个具体的椭圆方程，由学生自拟直线方程，研究二者之间的位置关系，条件开放，方法开放，结果开放。学生可以根据个人学习水平选择适合自己的问题，获得成功的体验，实现全体学生的发展。同时，这种开放性会营造开放、自由的学习氛围，开阔学生思维，促进学生在开放和变化的问题中体会数学中不变的规律和思想，凸显数学的本质。

（二）情境创设的四种方式

1. 复习旧知识，创设课程学习情境

知识的产生、发展是一个动态变化的过程。知识之间蕴含着紧密的内在逻辑关系。如果教师能够准确地把握学生的知识水平和认知结构，在此基础上延伸开拓，就可以创设良好的课程学习情境，并深化学生对知识结构的认知。

"二次函数与一元二次方程、不等式"这一内容上，教师可利用教材设立情境、提出问题，"在初中，我们从一次函数的角度看一元一次方程、一元一次不等式，发现了三者之间的内在联系，利用这种联系可以很好地解决相关问题。对于二次函数、一元二次方程和一元二次不等式，是否也有这样的联系呢？"学生就会借助自身已有的经验，将已掌握的知识和思想方法有效迁移，实现教学的顺利过渡，并且使得学生在学习新知识后，能够将知识内化，完善知识体系，升华认知。

2. 动手操作，创设探索创新情境

在几何的学习过程中，直观感知和操作确认是学习过程中非常重要的两个环节，教师可以采取鼓励学生多动手操作的方式，创设具有探索性和创新性的情境。例如，在"抛物线及其标准方程"这一内容教学中，教师可以创设探索创新情境——动手折纸，依次使得点 A_i（$i=1$，2，3，4，5）与点 F 重合，并找出折痕与过点 A_i 的直线 l_i 的公共点。学生在动手操作的过程中，就会不自觉地思考所得公共点所满足的规律，进而自然地得到抛物线的定义。

3. 关注生活，创设社会实践情境

数学源于生活，又归于生活。现实生活中有大量真实的情境需要数学的参与和解答。如"基本不等式"这一章节中，教师可以引导学生分析如何用数学知识解决生活中的最优化问题；再如，教师可以利用动画

展示潮汐现象、月相等，直观地呈现周期性。引导学生用数学的眼光观察现实世界，用数学的语言表达现实世界。更重要的是，社会实践情境体现了数学的现实性和应用性，蕴含着数学的应用价值。学生可从思考和探究中感受到数学学习的意义与价值。

4. 融入文化，创设人文历史情境

《普通高中数学课程标准2023版》（以下简称《新课标》）强调，把数学文化融入教学过程中，引导学生感悟数学在社会科学技术中的作用，体会数学家做出的卓越贡献，特别是中国数学的重要成就和中国数学家所做的贡献，让学生受到优秀传统数学文化的熏陶，从而提高自身的文化素养、思想素养和创新意识。例如，"阳马"在中国古建筑中是房屋四角承檐的长桁条，这些长桁条的顶端通常会刻有马形，因此被称为"阳马"。阳马主要使用于庑殿的屋顶、歇山屋顶转角45°线上，斜伸出角柱以外，以承托翼角飞椽。在立体几何中，它指的是底面为矩形，两个三角面与底面垂直的四棱锥体。教学中，教师可引述中国古代数学名著《九章算术》或北宋李诫编著的《营造法式》中关于"阳马"的记述，同时通过图片或模型的方式展示由不同几何体构造而成的美轮美奂的古典建筑，让学生在古代典籍中体会古代能工巧匠的智慧，在实物（图片或模型）中感受古典建筑中的几何之美。

二、问题引领

在数学和数学教育中"问题是关键"，数学概念、定理、模型和应用都是在解决问题的过程中总结形成的。

在数学课程目标中，特别强调培养学生发现问题、提出问题与分析解决问题的能力，在基于数学核心素养的教学中，这是关注的重点。

教师要充分利用教材中的思考、问题、探究等栏目，引导学生思考知识背后的思维、智慧、艺术、美，体会数学的科学价值、应用价值、文化价值和审美价值。

在教学设计中，教师要尤其关注问题的设置，必要时将思维简化，与学生的知识水平相合，与学生的思维水平相适，设置指向清晰、功能明确、层次分明的问题和问题串，驱动学生主动思考、深度探究，提升知识与能力，上升为学科素养。

（一）以问题为中心构建课堂

1. 教学目标要指向"问题解决"

问题是思维的起始，解决问题的过程也是思维活动的过程。教学目标应定位于问题的发现、提出、分析、求解的全过程。当然，问题的解决未必能够通过一节课完全实现，可能只是其中的一部分，但这并不影响让问题成为教学研究的中心对象，以问题的解决过程串联起全部的教学环节，并以问题的解决为最终目标。所以说，教学目标贯穿问题解决的全过程，理解数学内容的本质，促进学科核心素养的发展。

2. 教学内容要问题化

教学中要结合教学任务及素养指向，将学术形态的知识转化为教育形态的问题和情境，设计契合学生实际水平、符合学生认知规律、贴近知识发展规律的问题，构建基于问题解决的问题或问题串。学生可以借助问题逐步探究、充分交流，进而生成新知，应用转化，深化理解，增强体验。教学内容以问题驱动，可以大大提高针对性和有效性。

3. 教学过程就是问题解决的过程

教学过程是教师和学生在双边活动中，用数学的眼光去观察现象、发现问题，使用恰当的数学语言、模型描述问题，用数学的思想和方法解决问题的过程。在问题解决的过程中，教师要充分发挥主导作用，成为问题情境的创设者、问题探究活动的组织者、问题解决路径的指导者、学生学习的鼓励者。学生则要充分发挥主体作用，是现象的发现者、问题的提出者、探究活动的参与者、问题解决过程的评价者。

（二）问题设计的五个原则

有效的问题能充分调动学生的学习兴趣，激发探索欲望，提高学生发现问题、提出问题、分析问题和解决问题的能力，发展理性思维，培养学生的科学精神和创新意识。教师在进行问题设计与编排时，应遵循以下五个方面的原则。

1. 目的性

问题的指向要明确，服务于教学目标；问题的内容要贴近学生实际，符合数学知识的发展规律和学生思维发展规律；问题的表述要准确、严谨、简明、扼要。

2. 适配性

因此，学生是问题解决过程中的主体，以学定教是课堂教学设计最重要的原则。问题的设计适配学生已有的知识和能力基础，符合学生的学习内驱和心理需求。同时，在"最近发展区"设计问题，既具挑战性，又具基础性，充分调动学生的学习主动性，有效激发学生探究的欲望，促进学生深入思考。

3. 层次性

数学知识的发展具有系统性和连续性，学生的思维正处于发展阶段，学习的过程也必然是渐进的，因而问题的设计要具有一定的层次性。问题的设计既可以是逻辑之间的递进，也可以是思维水平的递升。在教学中，对于难度较大的问题，教师可以利用"问题串"形成递进的"思维阶梯"，引导学生由易到难，由简到繁，从直观到抽象，从特殊到一般，经历发现、猜想、归纳的思维过程，在这种连续且持续的思维活动中循序渐进，逐步逼近数学的本质，归纳数学的规律，发展数学思维。

4. 探究性

问题是教学活动聚焦的对象。问题应该具有一定的探究价值。只有具有一定探究价值的问题，才能激发学生探究的欲望，发散学生的思维，进行迁移和转化。学生尝试利用所学知识解决问题，形成对于新知的认识与技能的掌握，并在其中感受成功，体会思维的乐趣。

5. 开放性

问题的设计在形式和内容上可以多样化、灵活化，甚至具有一定的开放性和选择性。教师可以通过改变条件或结论，给出解法多样的问题，引导学生深度思考知识内部的逻辑关系，根据个人学习水平选择并补充问题，体会成功，树立自信。学生也可以在探究过程中学会从不同的角度去思考问题、用不同的方法和思路去分析解决问题，提高发散性思维的水平，培养创新性思维。

三、文化渗透

中国传统文化凝聚着中华民族普遍认同和广泛接受的道德规范、思想品格和价值取向，是民族的血脉基因、独特标识、精神家园。文化自信是"四个自信"的基础，要以幼儿、小学、中学教材为重点，构建中华文化课程和教材体系。中华优秀传统文化进课程、进教材成为一个具有时代价值的重大命题。

学校是传承与完善中华优秀传统文化教育的主阵地。如何把中华优秀传统文化教育融入教材、融入课堂教学，从而提升学生核心素养，进而促进学科育人，实现"立德树人"的根本任务，是当前课程改革和教育实践面临的重要问题。

有些人认为，崇尚计算与推理的数学学科与传统文化没有太大的关联。这种观点是错误的。数学作为一门科学，承载着思想和文化，是人类文明的重要组成部分，并且与中国传统文化有着千丝万缕的联系。《新课标》强调，把数学文化融入教学过程中，引导学生感悟数学在社会科学技术中的作用，学习数学家所做出的卓越贡献，特别是中国数学的重要成就和中国数学家所做的贡献，让学生受到优秀文化的熏陶，从而提高自身的文化素养、思想素养和创新意识。

传统文化进课堂大体有以下四种方式。

（一）文化情境进课堂，呈现"中国韵味"

中华传统文化存在于古典建筑、民间工艺、古玩器皿等具体的实物中。在教学中，教师可根据教学内容选取合适的文化情境导入课题，使课堂教学与人文历史、自然万物、生产生活等发生紧密联系，既能够让学生拓宽视野见闻，了解其中的数学知识，还能够增强艺术审美，激发学生的兴趣，感受独特的东方情韵。

例如，教师在"函数的奇偶性"教学中，可以通过幻灯片展示中国传统的窗花、剪纸、脸谱、砖雕、民族服饰等。学生在直观认识数学中几何图形的对称美的同时，也会感受到华美精致的东方美学。在学习立体几何的旋转体中，教师可播放传统陶艺制作的视频，甚至创设条件，让学生亲手操作，感受陶器造型随旋转而发生的改变，学生既可体会旋转体的形成过程，加深对数学概念的理解，同时又能感受这门古老工艺的艺术特色与美学情韵。

（二）经典问题进课堂，呈现"中国智慧"

数学伴随着人类的起源而起源，伴随着人类的发展而发展，是人类认识世界和改造世界的一种工具。我国古代数学以实用性和发展算法为主要特征。《九章算术》《海岛算经》《数书九章》等数学著作都是以解决现实生活中形形色色的问题为主要目的。这些问题既能反映当时社会文化状态，又反映了中国古代数学家卓越的智慧。

教师可援引这些古老而经典的数学问题，以例题、练习题、检测题等形式呈现给学生，让新时代的学生跟古人一起思考问题、探求方法、求解结论，并在古人提供的"术"（解法）中体会数学原理，深化对于公式和结论的理解，增加学习数学的趣味性和文化气息。

例如，我国古代著名的数学专著《九章算术》，以"问""答""术"的形式给出246个问题及其解答，涉及与农业生产密切相关的土地测量、工程测算、粮食分配、税收等诸多方面，而且很多问题与高中数学知识密切相关。其中，"商功"这一章节列题28个，问题源于营造城垣、开凿沟渠、修造仓窖等土石工程，主要讲长方体、棱柱、棱锥、棱台、圆柱、圆锥、圆台、楔形体等体积的求解；"衰分"这一章节列题20个，问题源于按比例分配物资或按一定比例摊派税收等实际问题，主要讲等差数列、等比数列问题的求解。而且，值得注意的是，该书是世界上最早系统叙述分数运算的著作，其中"盈不足"的算法更是一项令人惊奇的创造；"方程"这一章节还阐述了负数及其加减运算法则，这是世界数学史上的首次。该书的一些知识还传播至印度和阿拉伯，甚至远至欧洲，在世界数学发展的长河中发出嘹亮的"中国声音"，为世界数学的发展贡献"中国智慧"。在此过程中，学生可以了解我国古代数学所取得的辉煌成就，骄傲和自豪油然而生。

（三）古代哲学进课堂，体味"中国思想"

纵观数学和哲学的发展历史，可以看出数学和哲学存在紧密的关系，很多数学的理论渗透着哲学的思想。中国古代数学的发展也与哲学的发展相互交织，相互推动。可以说，中国传统文化中儒家和道家思想深刻地影响着中国数学家的科学研究，同时，中国古代数学的很多成果也带着深深的"中国思想"的烙印。

中国数学以经世致用为目的，以问题的解决为目标，着重算法体系，这一特点与传统儒家思想非常吻合。这种"知行合一"的核心思想与《新课标》中提出的培养学生提出和发现问题、分析和解决问题的能力的"四能"要求是不谋而合的。

另外，中国数学是以算术、代数和直观几何为基本内容的演算法体系的数学的典型代表，是形与数结合的数学，讲究数学研究对象的整体性和自然性。我国古代几何证明中的"出入相补"原理，通过分割和拼合的方法推证几何图形的面积或体积，贯穿的是道家的整体性思想。庄子的"一尺之棰，日取其半，万世不竭"，是形与数巧妙的结合，是现代数学极限理论的哲学表达，是数学与哲学思想结合的典型例证。

再如，古人用动态的观点认识"直"和"曲"，体现了对立和转化的思想，这与现代数学将直线作为半径为无穷大的圆，以及微积分中的"以直代曲"是一致的，充分体现了哲学思想在数学发展中的巨大作用。

中国传统数学中的实用性、整体性、兼容性的哲学思想，在现实中依然有着积极的意义。学生在哲学的滋养下，在体会东方哲学的精华的同时，也会摆脱知识的束缚，开拓思维，走上具有中国特色的数学研究之路。

（四）历史故事进课堂，传承"中国精神"

数学本身也是一种文化，是一种具有高度渗透性的文化，它根植于人类丰富思想的沃土之中，是人类智慧和创造的结晶。数学文化的历史，以其独特的思想体系，保存并记录了人类文化发展的状态，也记录了一代代中国人格物致知的严谨和精益求精的匠心，体现的是自强不息、坚忍不拔的中国精神。

教师可以在课堂中讲述数学家的探索过程，甚至可以课题的形式，让学生追随先哲的足迹，经历发现、尝试、探究、问题解决的全过程，感受他们锲而不舍的钻研精神和科学态度，发展思维品质，提升创新能力，传承"中国精神"。

刘徽是我国魏晋时期著名的数学家。他所创的"割圆术"是中国古代数学中一个重要的成就。所谓"割圆术"，就是不断倍增圆内接正多边形的边数以求出圆周长，进而求得较为精确的圆周率。随着正多边形边数的增加，圆内接正多边形会越来越贴近圆的边，计算也就越接近真实值。秦汉以前，人们以"径一周三"作为圆周率，但刘徽并未踵行古人，而是大胆质疑，创新研究方法，从圆的内接正六边形出发，一鼓作气，逐次分割，一直算到圆内接正 192 边形，计算出圆周率在 3.141 024 与 3.142 704 之间。后来他继续内接到正 3 072 边形的周长，最终得到 3.141 5 和 3.141 6 这两个近似值，使得我国在圆周率的计算方面，一直处于遥遥领先的地位。

刘徽的"割圆术"虽然不是世界最早，却是数学史上最严谨和简洁的割圆术。他所说的"割之弥细，所失弥少，割之又割，以至于不可割，则与圆合体，而无所失矣"，包含着极具开创性和极为可贵的极限思想，其中隐含的"以直代曲""无限逼近"的方法在今天看来依然让人赞叹。刘徽所创立的中国传统数学理论体系，不仅大大丰富了中国传统思想，还为中国成为世界数学强国打下了扎实的基础，而且他彰显的"向道而行"的治学精神深深影响着后代学人。南北朝时期著名数学家祖冲之正是在刘徽的基础上继续推算，分割圆为 12 288 边形，得圆周率 3.141 592 6 到 3.141 592 7 之间，被尊称为"圆周率之父"。而"祖率"更是成为此后千年，世界上最准确的圆周率。

中国古代不乏像刘徽这样富有批判精神和创新精神的数学家。他们的立意造术令后人赞叹不已，他们的治学思想和科学精神更是深深影响、教育了一代又一代国人。作为教师，我们有必要让学生了解那些影响了历史和世界的伟大先哲，让学生走近他们，了解并学习那些光辉人格和灿烂文明背后的文化，让自强不息、坚忍不拔、创新进取的中国精神薪火相传。

"天下大事必作于细，天下难事必作于易。"传统文化融入教育教学，尤其是融入像数学这样注重抽象思维的理科课堂，不是一蹴而就的工作，而是一项长期工程。当然，传统文化进课堂更是一项使命工程、战略工程、系统工程，值得我们深入研究，在实践中不断创新，在反思中不断探索。

四、建模探究

数学建模是对现实问题进行数学抽象，用数学语言表达问题，用数学知识与方法构建模型解决问题的过程。数学探究是围绕某个具体数学问题，开展自主探究、合作研究，并最终解决数学问题的过程。它们是高中阶段数学课程的重要内容。

教师可以创新数学作业内容，设置生活化、探究性作业，在班级内交流展示；开展数学问题解答展示，培养学生独立思考、合作探究的能力和自主发展的意识；开展数学论文写作，培养学生用科学的思维方式认识事物，用严谨逻辑的方式进行叙述和表达。

总之，我们理想的数学课堂应该是这样的：在合适的教学情境中，教师提出科学的数学问题，启发学生独立思考，鼓励学生协作交流；在文化中浸润，在活动中体悟，掌握知识技能，理解数学本质，感悟数学基本思想，发展数学学科核心素养。

笔者曾有机会与学科研究中心的老师们研讨，聚焦学生学科核心素养的发展，以学科核心素养的培育为核心，以问题导学为指向，重新梳理课型模式，树立以学生为主体，以问题的解决为主线，以学生的思维发展为目的的课堂观，最终制定了课堂教学规范和各课型教学模式。

新授课：情境创设—新知探究—典例精讲—提炼归纳—应用深化—自主小结。

讲评课：自查自纠—分类示错—互动交流—释疑排难—变拓强化—当堂测评。

复习课：基础回顾—典例引路—交流展示—精讲点拨—巩固强化—评析升华。

建模课：选题—开题—做题（模型准备—模型假设—模型建立—模型求解—模型检验）—结题。

当然，大家对教学模式见仁见智。俗话说，教学有法，教无定法。对于刚入职的青年教师来讲，掌握并形成教学模式是规范教学的开始。所以，笔者认为，教学模式研究是有必要的。对于经验丰富的骨干教师来讲，教学模式也是可以突破的。

第二节　新授课的教学设计

新授课是指讲授新概念，理解新知识，学习新技能的课型。在正常的教学过程中，新授课约占所有课型的2/3。人类获取知识不外乎两种途径，一是直接获取，二是间接获取。新授课就是学生在教师的引导下间接获取知识的一种重要途径。一切新知识都有相应的产生背景，或来自现实生活，或来自旧知延展，所以新授课除了"新"之外，还要注重与现实生活的联系，与旧知的承接，与其他学科的融合。

一、新授课的教学目的

新授课的教学功能是以课时目标为导向，教师通过创设符合学生认知规律和学习水平的情境，采取科学合理的教学方法，引导学生从情境中抽象出数学问题，经历发现、猜想、论证、归纳、完善等一系列学习活动后，生成概念或定理，然后进行模仿应用，逐步理解并掌握，最终获得技能，提升思维。

二、新授课的教学内容设定

新授课的教学大多是关于某一数学概念的生成、某一判定定理或性质定理的确定、某一数学模型（函数模型或概率模型等）的发现等内容。如"函数的单调性"就是围绕单调递增函数、单调递减函数的概念而展开的，经历从现实生活中发现图象变化规律—利用自然语言描述变化规律—利用符号语言抽象刻画变化规律—逐步完善生成概念—概念辨析与应用的教学过程，聚焦于概念的抽象过程，突出知识内涵、外延的挖掘与分析。"直线与平面垂直"则是围绕直线与平面垂直的判定定理的形成与应用而展开的，经历直观感知—操作确认—逻辑论证—定理生成—定理应用的教学过程，聚焦于定理的抽象过程，突出体验探究的过程及归纳、演绎推理能力的培养。

三、新授课的基本环节

无论是概念教学还是技能教学，新授课一般经历以下教学环节：情境创设—新知探究—典例精讲—提炼归纳—应用深化—自主小结。

（一）情境创设

情境引入要牢牢抓住"情境性"和"关联性"，体现新知产生的背景（现实背景与学科背景）以及新知引入的必要性和自然性，激发学生的好奇心和求知欲望，引发学生积极思考。如"函数的单调性"教学时，以最近本地日气温的变化情况为情境进行引入，体现数学与现实的紧密联系，同时抽象出气温随时间变化的规律，为函数的单调性奠定现实基础和认知基础。如"分层抽样"教学时，可以在上一节简单随机抽样的基础上提出问题：在某中学关于学生身高的抽样调查中，简单随机抽样所得的样本是否一定具有代表性，如何避免极端样本的出现，既体现了分层抽样的现实必要性，又体现了数学知识之间的前后关联。学生可以轻松进入到情境中思考，并在新知的形成过程中体会与旧知的联系，加深理解。

如"抛物线及其标准方程"的情境创设过程，案例对话如下。

师："天眼"位于贵州省的一处喀斯特洼坑中，从 1994 年构想的初步萌芽，到 2016 年 9 月 25 日落成启用，历时 22 年。它是由中国科学院国家天文台主导建设，拥有我国自主知识产权，是世界最大单口径、最灵敏的射电望远镜。"天眼"的项目总经理，国家天文台台长严俊是我们江苏南通人。所以呀，江东子弟多才俊，观天巨眼立国威。

（本课是在江苏省梅村高级中学的课堂上，教师通过对"天眼"的介绍，不仅可以激发学生的民族自豪感，激起学生的好奇心，而且通过"天眼"项目总经理严俊先生与江苏的关系，拉近了和学生的距离。）

师：非常巧合的是，"天眼"与我们今天将要学习的图形大有关系。大家看，在这几张图片上，你能发现哪些平面几何图形？（展示"天眼""赵州桥""无锡泰伯桥"等图片）。

（问题有一定的开放性，同时又聚焦于"平面几何图形"，有一定的指向性，能够激发学生的探究欲望。）

生：圆、椭圆。

师：同样是对于射电望远镜的圈梁进行观察，从不同的角度会观察到圆和椭圆两种不同的图形。可谓是"横看成岭侧成峰"，我们深入研究还会发现圆和椭圆这两种不同的图形内在拥有某种特定的联系。所以，事物之间具有普遍的联系。在这张图形中，你们能发现哪些平面几何图形呢？（展示"天眼"抛物面）

生：双曲线（有的学生会说双曲线的一支）。

师：我们继续看一下专家对于"天眼"的介绍。根据 FAST 的工作原理，当它观测天体时，会随着天体的方位变化，在其主动反射面上实时形成一个瞬时抛物面，并通过这个抛物面来汇聚电磁波。在这张图形中，能发现哪些数学模型呢？

生：抛物线。

（教师不急于否定学生的判断，而是循循善诱，逐渐补充信息，让学生自主改变观点，在认知冲突中产生深刻理解。）

师：实际上，圆锥曲线与科研、生产以及人类的日常生活有着密切的联系。其实在我们的身边也存在着抛物线的身影，像著名的赵州桥的拱形。当然，江南水乡更少不了桥，苏州的标志建筑"东方之门"……当我们使用数学的眼光去观察和认识世界时，会发现更多的美。（展示苏州"东方之门"等图片）

（通过学生身边的建筑图片，拉近学生与抛物线的距离，使之直观感受抛物线的形状，为后续讲解定义奠定基础。）

师：那么，什么样的曲线才是抛物线呢？它可否同圆、椭圆和双曲线一样实现平面几何图形的代数化，从而拥有自己的方程，实现数与形的统一呢？如果可以，又应该如何表示呢？

出示课题：抛物线及其标准方程。

通过问题揭示本课时学习的主要内容和学习目标。

再如，在"平面几何中的向量方法"一节，可进行如下案例对话导入课程。

师：同学们，我们已经学习了平面向量的实际背景、基本概念及其运算。大家可以深刻地体会向量具有两重属性，一方面是代数的属性，另一方面是几何的属性。首先，作为代数属性，向量不仅可以指示方向，还可以进行运算。请回顾一下平面向量的运算律。

生 1：线性运算（平面向量的加法、减法、数乘运算）、数量积运算。

师：平面向量基本定理则充分地体现出线性运算的巨大作用，它也印证了古人的一句话，一生二，二生三，三生万物。阿基米德曾讲过，"给我一个支点，我可以撬动整个地球。"对于我们来讲，在平面内，给我们一组基底，我们可以解决平面内所有（任意）向量间的运算。我们说，"两个向量不共线，可作基底表无限。"

作为几何属性，向量可以表示一些几何元素，也可以使用向量的运算来刻画几何位置关系。那么，在我们所学的向量运算中，它们分别对应着哪些几何图形或几何关系呢？

生 2：向量的加减运算可以刻画平行四边形及三角形，数乘向量可以刻画平行或共线的关系，数量积运算可以刻画线段的长度，求解夹角，证明垂直等。

师：回答非常全面。所以，我们说向量是联结数与形的纽带。在本章引言中有这样一段话："向量是近代数学中重要和基本的概念之一，有深刻的几何背景，是解决几何问题的有力工具。向量概念引入后，全等和平行（平移）、相似、垂直、勾股定理就可转化为向量的加减法、数乘向量、数量积运算（运算律），从而把图形的基本性质转化为向量的运算体系。向量是沟通代数、几何与三角函数的一种工具，有着极其丰富的实际背景，在数学和物理学科中具有广泛的应用。"

今天，我们就来看一下平面向量在平面几何中的应用。

出示课题：平面几何中的向量方法。

在师生的对话互动中，为平面向量在平面几何中的应用奠定了良好的思维基础，既将向量的各种运算形式及其对应的图形关系进行了对应分析，又突出了向量"数与形的纽带"的特征，点明了本课蕴含的数学思想方法，自然地引入了课题。

（二）新知探究

新知探究是新授课的重点，是学生通过探究形成新知（新概念、新定理、新模型等），进而构建自身认知结构的重要过程。本环节具有显著的"探究性"和"顺序性"。教师在设计过程中要立足于"知识产生的自然性和顺序性"，设置主线明晰的教学活动，引导学生从旧知识、旧背景中寻找契机，设置指向明确、梯次明显的问题，驱动学生积极思考，发现规律，抽象刻画，严谨表达，并在新知的形成中逐渐内化，深刻理解新知的内涵与外延，建构知识体系。

下面介绍一下"幂函数"的新知探究过程，案例对话如下。

师：著名数学家华罗庚曾认为，要善于退，足够的退，退到最原始又不失重要的地方，是学好数学的一个诀窍。他告诉我们，研究一些较为复杂的东西可以从最简单的入手。大家必定深有体会。在前期的学习过程中，我们就学习了两类形式简单、特征鲜明的基本初等函数，指数函数和对数函数。

问题 1：在我们的课前作业中聚集了几种不同的函数。类比指对函数的形式特征，它们的解析式形式上有何统一性？如何以一个"最原始又不失重要特征"的形式表示这类新的函数呢？

问题 2：幂函数与前面所学函数中哪一类容易混淆，如何区分？

问题 3：我们研究一类函数的性质均是研究其共性，请结合以上几个函数模型，独立思考后小组讨论以下问题。

师：所有幂函数对哪些范围内的 x 均有意义？

生：$(0, +\infty)$。

师：什么样的幂函数，底数为 0 时无意义；什么样的幂函数，底数为负数时无意义？

生：指数为非正常数，底数为 0 时无意义；指数为负数的偶次方根无意义。

师：若 $x=0$ 时有意义呢？

生：图象必过原点。

师：所有幂函数均过哪些点，并指明原因。

生：1的任意次指数幂均为1。

师：所有幂函数图象的象限分布有何特征？均过第几象限，均不过第几象限，并说出原因。

生：所有幂函数均过第一象限，均不过第四象限，因为正数的任意指数幂均为正数。

师：那么第二象限或第三象限是否有图象呢？

生：不一定，视定义域而定。

师：若 $x < 0$ 时有意义，图象过第二象限还是第三象限，该部分图象与第一象限中的图象有何关系，如何判定？

生：若函数为偶函数，则图象关于 $x=0$ 对称；若函数为奇函数，则图象关于（0，0）对称。象限分布由奇偶性决定。

师：既然所有幂函数均过第一象限，那么它们在第一象限内的图象是否一致？幂函数在第一象限内的图象有几种不同形状，对应指数 α 的取值有什么特点？

师：对于幂函数，其定义域有不同的情况，我们只能就其第一象限内的性质做一下归结。

性质归结：①幂函数的图象都通过点(1,1)。②在第一象限内，$\alpha > 0$，在（0，$+\infty$）上为增函数；$\alpha < 0$，在（0，$+\infty$）上为减函数等。

另外，本环节要加强探究的过程，让学生经历知识的产生和形成过程。数学是一门抽象的学科，教学过程中，教师可利用多媒体等多种资源进行多方位的刺激和引导，由直观到抽象，从特殊到一般，让学生在活动的体验中自主思考，主动建构模型。

如"基本不等式"的新授课中，教师可利用几何画板，展示动态过程，让学生在图形观察中体会数值动态变化中所蕴含的规律，并可根据变化过程猜测何时取得最大值或最小值，然后通过数学工具进行演算和论证，最终生成一般事实和规律。多媒体不仅可以直观地呈现知识的产生与发展的过程，增强学生对于知识的感受和记忆，而且可以大大激发学生探究的兴趣，触动学生积极思考、主动表达，从而推动课堂自然高效实施。

（三）典例精讲

本环节主要是例题的讲解、拓展、探究，是强化新知，展示数学思想方法、培养学生能力的重要过程。本环节注重知识回扣，体现知识应用；注重方法发现，体现思维过程。教师设计时要深刻理解例题的教学目的及知识背景，挖掘思想方法，精准把握题目解答过程中的关键点与重点，预设学生思维阻碍的地方，引导学生学会分析问题、利用知识和方法求解问题，感悟其中蕴含的思想方法，领悟分析、思考、解决问题的思维程序和步骤，提高思维品质。

例如，古典概型是概率求解时最普遍和最常用的模型。在古典概型的新授课中，理解并应用古典概型的特点：有限性和等可能性是本节课的重点。在教学中，我们常以"从有限个总体内抽取部分个体"为事例进行讲授，而按照抽取的方式，古典概型又可分为有放回抽取和无放回抽取。在有放回抽样和无放回抽样的条件下，求解概率时是否需要考虑顺序是有一定的差异的。教师们经常会告诉学生：对于有放回地抽取，必须考虑抽取的顺序；而对于无放回地抽取，是否考虑抽取顺序无关紧要。可是，这是为什么呢？

显然，很多教师在教学中只是告知学生解法和经验，而忽视了追溯解法的来源，弱化了学生对于概念理解的促成，忽视了在问题解法探究中思维自然发展的过程。知识与体验由教师轻易传递，而非学生付诸努力的成功收获。

其实，教材从一开始就通过一系列浅显的例子，一直在强化概率中的本质属性——等可能性。

在章节开始时，教材举了"同时抛掷两枚硬币"的例子。通过模拟试验，我们可以清楚地看到事件"一正一反"与事件"两次均为反面"、事件"两次均为正面"频率的关系，从而得到"一正一反"其实是包含了与"两次均为正（反）面"概率相同的两个事件："甲正乙反"和"甲反乙正"。即 P（"甲正乙反"）$=P$（"甲反乙正"）$=P$（"两次均为反面"）$=P$（"两次均为正面"）。它告诉我们，在事情发生后的结果表象后面有着隐秘的支撑：顺序。正是通过"顺序"的考量，我们才能够将"一正一反"的表现形式分解为等可能的"甲正乙反"和"甲反乙正",从而使得事件的所有结果呈现为"甲正乙反""甲反乙正""两次均为反面""两次均为正面"四种等概率的事件。

在概率的意义中的"游戏的公平性"这一教材内容时,编订者又通过探究给出了另外一个例子:投掷两枚骰子,观察向上的点数之和。

在该例中,教师即可引导学生分析,向上的点数之和只可能是 {2, 3, 4, …, 12} 中的元素,共计 11 种;在抛掷过程中,出现"一枚是 1 点,另一枚是 2 点"的概率是否与"两枚都是 2 点"的概率相同?有条件的话,教师可以通过计算机模拟抛掷过程,计算二者概率,以事实佐证理论。而如果是无放回抽取,那么 {(1,1),(2,2),(3,3),(4,4),(5,5),(6,6)} 需要被剔除,那么剩下的 30 种不同情况中,出现"一枚是 1 点,另一枚是 2 点"的概率是否与"一枚是 1 点,另一枚是 3 点"的概率相同?

这样,我们就可以从学生的思维深处解释困惑所在,并在此基础上加深对于古典概型"等可能性"的认识,体会到"等可能性"不仅是古典概型的其中一个重要特点,而且还是求解过程中必须遵循的一个原则。学生也在此实现了从"知其然",到"知其所以然",再到"知其何以由然"的转变。这种研究问题的态度和方法也必会影响学生的学习方式,走向理解和探究。

(四)提炼归纳

本环节是典型例题精讲后的升华。教师要在例题的讲解后进行必要的引申与类化,在引申与变式中体会知识的本质,在类化中生成解决一类问题的程序和步骤,引导学生从例题的求解中总结提炼解题方法,挖掘数学思想方法,归纳解题程序,提升问题解决能力。如在"函数单调性"教学中,可在例题后帮助学生归纳利用定义求解函数单调性的具体步骤和程序,并可适当简化,帮助记忆。教师还可引导学生分析其中的关键步骤,思考解答过程中蕴含的知识理论基础与逻辑关系,增强知识的应用意识,学习应用技巧和策略,提高思维品质。

如"平面几何中的向量方法"一例中的片段,案例对话如下。

类比函数在实际生活中应用的过程（建模、解模、还原），师生共同归结出该题的解决过程：合理建系，建立平面几何与向量的联系，几何元素（关系）向量化（坐标化）——向量运算，解决问题——运算结果"翻译"成几何元素（关系）。简写为几何图形（关系）向量化—向量运算化—运算结果几何化。这也是我们常规地应用平面向量解决平面几何问题的一般流程。

师：有人说，其实坐标法与基底法是同一种方法。同学们怎么看？

生回答。

师：非常好，在坐标法中，其实就是我们在平面中选择了一个特殊的基底，所以坐标法是基底法的一种特例。既然如此，我们为什么又要学习坐标法呢？在坐标法中，我们只需要进行坐标的代数运算就可以了，可以避开几何图或几何关系的研究。所以，坐标法也有自身的优势。这两种方法，在实际应用中，我们应如何进行选择呢？

生回答。

师点评：当有直角或有比较明显的垂直关系时，可以选择坐标法；否则，应用基底法。

（五）应用深化

本环节是一节新授课的灵魂，决定了学生对于新知的理解水平和站位。本环节的重点是对概念内涵、外延的"挖掘"，思辨地理解概念本质，生成个人认识与体验，并在应用中进一步深化理解，建构起个性化的知识体系。

如"独立重复实验与二项分布"一例中相关片段，案例对话如下。

例：一个口袋内装有大小相同的 3 个白球和 2 个红球，从中有放回地抽取三次，每次抽取一个球。设抽取到白球的次数为随机变量 X。

师：随机变量 X 是否服从二项分布？

生解释：符号表示：$X \sim B（3，0.6）$。概率公式：$P（X=k）=C_3^k 0.6^k（1-0.6）^{3-k}$，$k=0$，1，2，3。

师：试求解以下概率，并指明符号所表示的具体事件，$P（X=1）$，$P（X \leq 2）$，$P（X \geq 2）$。

师：如何将此情境改换为超几何分布？

生：将有放回改为不放回。

通过 Excel 展示超几何分布与二项分布的概率图表及柱状图，体会差异。然后增加超几何分布中 N 的数值，体会变化，并给出科学合理的解释。

师：试论述二项分布与两点分布、超几何分布的区别和联系。

生独立思考后，小组交流表达意见。生展示，师总结完善。

两点分布是二项分布的特例，n 个独立的两点分布和服从二项分布；超几何分布是不放回抽样，二项分布可看作有放回抽样；在抽样中，当总体容量无限大时，超几何分布就可以近似看成二项分布；当实验次数无限大时，二项分布就可以近似看成正态分布。

（六）自主小结

本环节是围绕新知识脉络、教学重点、解题体验等来设置问题引导学生反思总结，对知识、技能、思想方法、数学经验、情感与感悟等方面进行个体化表达。

如"平面几何中的向量方法"一节课的最后，学生在教师的引导下进行自主小结，教师在此基础上进行完善提升。

师：同学们，请结合以上题目的解答过程，对本节课做一个小结。（待生思考一分钟左右，教师示意举手发言。）

生：利用平面向量解决平面几何问题有三个步骤。几何图形（关系）向量化——向量运算化——运算结果几何化；解题时要注意选择合适的运算律。

师：选择与几何图形关系对应的运算律，平行或共线选择……

生：数乘运算。

师：何时选择数量积运算？

生：长度、角度、垂直。

师：哪位同学还有补充？

生：实施向量运算前要注意两个问题。一个是坐标法与基底法的选择；一个是使用基底法时要选择合适的基向量，以便简化运算。另外，做结论时要注意准确严谨，如线段的三等分点要指明是哪一个。

师：总结得非常到位，从方法的实施流程到操作细节，都形成了个人的经验或体验。有一首打油诗，与同学们一起分享。

两条向量不共线，可作基底表无限；图形方正用坐标，代数运算效率高；平行比例线性算，长度夹角数量积；几何关系向量化，数形结合显神奇。

第三节 讲评课的教学设计

讲评课是一种重要的课型，是教师在学生练习或考试之后，从学生作业或试卷中获取反馈信息，帮助学生分析阶段学习情况，查漏补缺、巩固基础，并引导学生从中寻找错误原因，吸取教训，总结经验和规律，从而对学生的概念理解、方法选择、思维过程，甚至学习过程进行矫正教学的一种课型。在单元、模块或学期教学内容结束之后，讲评课常常会成为一种主要的课型。

一、讲评课的教学目的及功能

讲评课的主要教学目的是在熟知学生对习题或试题初步掌握的前提下，采用订正答案，错例讲解，答疑解惑，总结规律，巩固提高的方法。同时，通过试题（或习题）讲评还可以帮助教师发现自己教学方面的问题和不足，进行自我总结、自我反思，改进教学方法，最终达到提高教学质量的目的。我们可以这样认为，讲评课存在着"评学"和"评教"明暗两条线，显性存在的是"评学"，隐性存在的是"评教"。两条线同等重要，万不可只"评学"不"评教"，忽视了对教学方法和教学进度的调整。

教学目标设定应该立足于让学生发生变化：如知识上的变化（模糊点的辨析、理解的深度、联系的广度），方法上的变化（切入点的把握、预判的标准把握、方法选择的策略、方法的补充与评价），能力上的变化（如何提出问题、分析问题、解决问题），经验上的变化（惯性思维、程序化操作、灵活的变通和转化等），甚至情感态度的变化（对某一知识的兴趣、对某类方法的持续钻研等）。教学目标的设定要具体到题型、方法，通过哪种形式达到（学生板演示错分析、教师引导、学生展示评析、自我纠错），如何巩固落实（针对哪个点进行反馈、题目难度设置、改换哪个条件）。

当然，讲评课并不仅仅是讲题，而应将重点放在学生对知识的深层把握、教师对题意和题源的讲评、方法的创新与规律的总结上。这就要求教师跳出题目，讲知识联系、讲思路创新、讲方法规律。只有这样，讲评课才能真正起到弥补漏洞、加深认知、提高能力、巩固强化的作用。

二、讲评课的教学内容设定

讲评课的教学内容主要包括知识讲评（知识漏洞、知识应用策略、知识间联系），方法讲评（情境分析、方法迁移、思路评判），规范讲评（步骤规范、思维规范）等。

教学内容的确定需要基于教师对于试题（或习题）批改情况确定。一般,需要经过以下过程：通过批改确定讲评题目—根据题目,展开联系与分类—确定类别（知识类、方法类、错因类；学生能自主解决的、学生在辅助下可解决的、学生无法解决的）—确定教学目标—确定讲评方式（示范式、示错式、评析式、点拨式等）—确定反馈点,命制反馈题。

教师批改时要及时记录每题的得分情况、学生作答情况（典型错误、独特解法）。批改时要注意观察并总结共性的问题，借助共情演绎、观察草稿、谈话了解等方式了解错因，找清错误根源，确定纠错措施。

题目要分类制定目标，确定措施，类别划分时要考虑好题目间的联系和异处；每一类别内要确定好主题与副题，确定好学生参与的方式，确定反馈点和反馈方式。

讲评的题目大致有以下来源：全班出错率较高、得分率较低的题目及相对应的知识点；具有典型性、针对性和综合性的题目；在以往的教学中已多次接触、多次矫正，但学生仍未掌握的难点；关系到后继学习的重点知识、重点技能；平时教学中疏忽的"教学盲区"；学生卷面上独到见解的题；等等。

教学内容设定应该满足以下原则。

（一）靶向清晰

教师要有清晰的教学目标（当然，目标要依照学生在试卷中暴露的问题而设定），并在此目标指导下圈定所讲评的题目。教师在内容选择时应该多问几个问题："需不需要讲""为什么讲"。有的老师说，讲评课要讲到学生的"痛处"。笔者是非常赞同的。

（二）重点突出

讲评课切忌不分轻重，面面俱到。面面俱到，意味着面面不到位。讲评课必须在重点、难点、疑点处下功夫，并将备课、上课的主要精力、时间、活动集中在问题最突出的内容上，使得在讲评课中，突出的问题能够得到有效的改善，并得以巩固强化；难点问题能够取得突破，并形成一定的解答规律和程序化的操作；疑点问题得以纾解，思路得以畅通。

（三）重视联系

讲评课上，教师要注意对试卷中暴露的问题进行分析归类，让学生对同一类问题有一个整体的认知，加深知识的理解和方法的掌握。如可按知识点归类，将同一知识点的考题进行归类分析，以便从不同的角度加深知识的理解；可按方法归类，将涉及同一解题方法的题目进行归类分析，既可以举一反三提高效率，又可以体现方法和题型的类化，方便学生总结和反思；也可按错因归类；等等。

三、讲评课的教学环节

讲评课一般通过以下教学环节完成：自查自纠—分类示错—互动交流—释疑排难—变拓强化—当堂测评。

（一）自查自纠

在考试结束，相关批阅、统计、采样工作完成后、试卷讲评课前及时将答卷还给学生，要求学生尽自己所能先自主订正试卷，即订正任务前置。自主纠错也要在教师的组织下有针对性地进行。除让学生聚焦于自身暴露的问题之外，教师要指定针对性的内容，难度要求要低，题目要具体；要定明确的任务，如请结合某题，分析所考知识点（方法）有哪些，关键的转化是什么，何处易错等；要有灵活的方式，如请处理以下练习题，分析易错点（点评时可引申至试卷中的题目）或让学生（当时做错的学生）板演，再给他们一次修订的机会；要有有效的反馈，如学生评点、短平快的小练习等。

教师要结合批阅对学生作答情况进行有的放矢的问题分析，切忌假大空，理论名词一大堆，学生不知所云。例如，立体几何部分的讲评，教师在强调步骤问题，那么就应该让学生回到卷面上，去比对相应的步骤，甚至当堂改正。学生解题策略不对，就让学生再次深入问题进行反思或与周围的同学讨论交流，对方法进行比较评价。学生计算出问题就应该让学生回到关键步骤中，分析计算错因。

总之，自查自纠并不是学生似散兵游勇，无目的、无预设地活动，而应在教师有意识地组织和引导下进行自我反思和完善活动，只是因研究对象的难度偏低，故而由学生自主完成，以便加深体验，同时大大提高课堂效率。

（二）分类示错

教师讲评课时不能简单粗暴地按照题号顺序讲评，而应结合学生暴露的主要问题和突出问题进行分类示错，分类讲评。当然，分类的方法多种多样，关键是教师要结合具体情况和教学目标进行梳理。

例如，在"平面向量及其应用"这一章检测中，可以根据概念理解、平面向量的线性运算、平面向量的数量积运算进行分类，进行知识弥补、方法强化；也可以根据平面向量的运算形式，以"向量是连接数与形的纽带"为核心，以"数形结合"中"符号运算""图形关系"两个角度进行思想方法层面的讲评。

美国的心理学家认为，差错人皆有之，作为老师不利用是不能原谅的。没有大量错误作为台阶就不能攀登上正确结果的宝座。思源于疑，疑生于错。讲评课中有效地示错，可以让学生正视问题，激活思维，在合作中集思广益，优化纠错策略。

所谓示错教学指的是老师通过有意地或无意地向学生展示错误，引导学生剖析解题思路或过程中的错误之处或不规范之处，进行指认和改正，再用正确的方式答题，让学生在错误中反思、辨析、悟道、求真，从而更大程度地激发认知冲突，增强活动体验。

讲评课中很容易看到此种现象：老师全程示范，学生只是看个热闹。因为没有具体示错，学生的问题全部绕过去了，疑惑没有解决；只有讲，没有评。一种情况是学生未自我进行错因剖析，讲评的效果无法得到保证。切记，教师讲的是如何解题，而非题目本身。教师要引导出错的学生说出出现错误时的心理，以暴露隐藏在学生思维深处的错因，进行答卷失误分析，帮助学生提高应试能力。因此在纠错环节，要做到析错因，辨概念，明思路，评方法。

因此，教师可以在课堂中展示错题案例，设置合理的问题，引导学生讨论、辨析，找准错因错源，寻找解决对策，探究正确解题思路。让学生明白做一道题，如果把握好了每一个环节，把每一个细节做到完美，那么，最终结果的完美必将水到渠成。同时，在错误中反思，形成关于"陷阱"的深刻认识，做到"能预见，能避免"。

（三）互动交流

讲评课中尤其要注意突出学生的主体地位。教育家苏霍姆林斯基认为，人的心灵深处，总有一种把自己当作发现者、研究者和探索者的固有需要。这种需要在中小学生精神世界中尤其重要。

讲评课中，教师更应从学生的知识基础出发，去启迪智慧；从学生的思维角度切入，为过程保驾护航；从学生的逻辑运算过程反思，优化思维，简化运算。切忌脱离学生的思维水平，直接推介思路，不讲明道理；切忌远离学生本体，只讲对的，不分析错处，避重就轻。课堂中的互动交流则是体现学生主体地位的重要环节。教师可以设计启发性、探索性、开放性的数学问题，驱动学生直面问题，经历思考、操作、探究、论证，进而明确错因，凝练观点，生成体验。

课堂中的互动交流可以在教师与学生，学生与学生之间有序进行。在讲评中，教师可以引导学生阅读题目中的关键字词，挖掘隐含信息，引导学生联想所涉知识点、类似题型、相关方法，引导学生探究题目中已知与未知之间的隐秘联系，并尝试推理论证，确定解题思路和解答策略等。在学生自主订正试卷后，学生可以根据分类示错环节中教师提出的问题，先自主思考，然后在小组内讨论、交换答案、交换解法、交换想法，在生生、师生的互动交流中相互借"智"，激活思维，加强体悟，共同发展。

教师要把握好自主与引导的关系，确需引导，则要适时有度，而且教师要尤其关注那些解题有困难、有障碍的学生；因为他们应该是讲评课中最大的受关注群体，也应该是讲评课最大的受益者。

我们经常会在讲评课中听到这样的对话，"不会""好，你请坐，下一位同学"。笔者经常在想，难道老师只是想让一个会做题目的同学展示正确的方法和步骤吗？如果这样的话，是否一定需要提问才能完成，直接投影展示不是更省时吗？可是，如果这样讲评的话，那些不会解答问题或解答过程中出现问题的同学将如何得以提升呢？学生不会做就是全然不会吗，他的思维阻断处在哪，老师能否鼓励他大胆地假设猜测、勇敢地尝试探究呢？教学中只有会和不会，对和不对吗？人文关怀是否需要？如果引导成功了，他心里会有多大的成就感，他对数学又会激发起多大的热情呢？

讲评课中，要让学生在师生、生生交流互动中逐渐揭示错因，辨析正误，形成正确的、合理的思路和方法。只有这样，学生才能真正有所获，有所悟。

讲解活动后，学生感觉收获颇丰。由于讲解时是学生本人讲解，这就要求学生对于自己的答题过程进行充分的回顾和反思，并进行一定的梳理总结，提炼个性的主张和经验，这对他们本人也是一种历练和提升。由于讲解者是学生，听课的学生更加专注和好奇，他们也会在聆听中进行自我反思和调整，把讲解者视为榜样和标杆，进行学习方式的改变。

交流展示完成后，老师顺势与学生一起梳理解题思路及方法。

梳理平面几何中的边角关系，把握研究对象及关键属性。

解三角形类型的问题主要是研究几何图形中的性质和规律。因此，教师要充分引导学生分析几何图形中的边角关系（边及对角、两边及夹角等），并剖析关系聚焦地，确定研究对象，把握其中的关键属性。这样，解题的思路更加明晰，运算转化的目标和推理的走向更加明确。

注重运算能力的培养，熟练应用函数、基本不等式等工具。

解三角形大多会使用边、角两种途径探究。这都离不开数学定理（正弦定理、余弦定理等），数学结论（三角形面积、内角和定理等），离不开数学运算。当从角突破时，往往会经历三角变换等过程；当从边突破时，需要经历因式分解、消元化简等计算过程。学生应该熟悉各种定理、结论、公式。另外，函数是研究运动变化过程的一种模型和工具。在动点问题的研究过程中，往往会利用函数来刻画这一过程。选取合适的变量、构造函数、研究范围和最值是常用的途径。基本不等式作为求解最值最常见的工具在此类问题中被普遍使用也就再正常不过了。在平常的学习中，要培养函数的观点和意识，锤炼求解值域（最值）的各种变换方法和求解技能，适度地进行数学运算方面的训练，提高运算能力，并能科学地评估运算的过程，通过调整变量、减少变量等方式有效地控制或简化运算，逐步形成必备的数学运算素养。

融通几何图形与代数运算，感悟数学思想方法。

解析几何的本质是用代数的方法研究几何问题。比如建立曲线方程、联立方程式等，教师需要引导学生分析其中的几何关系，设置合适的变量，以恰当的代数形式表达几何关系，将点、线串联，做好桥梁作用，更好地突出主线，简化运算，进而实现通过代数运算探究运动变化过程中的几何特征的目的。"以数解形"，并不意味着"形"一无是处，而是要充分把握形的内在关联，且对关联进一步梳理，在文字信息、图形特征、符号表示之间的多重转换中提取关键属性，实现"以形助数"，进而确定合理的路径和合适的策略，为代数运算的参与和进行打开方便之门。在平时的教学和练习中，教师要通过典型例题的讲解，引导学生深入分析问题，从不同的角度思考问题，融通几何图形与代数运算，积累解题经验，感悟数形结合、转化与化归的思想方法，提升学生的数学学科核心素养。

（四）释疑排难

讲评课中，教师需要针对错处和疑惑处进行辨析和解释，并不是简单地进行"当然式"的步骤呈现，更主要的是"所以然"的分析：如何去切入，如何去联系知识经验，如何去选择方法，如何去转化问题，如何面对困境，如何借助讲评生成智慧和经验。

讲评课需要通过对学生疑难问题的剖析与讲解，达到总结、提炼通性通法的目的，以此提高学生对学科知识的整体把握。对典型题目的讲解要做到：一是讲思路，即解法的发现过程，如何读题、如何寻找解题的切入点、解法探索，讲清"为什么这样想"的问题；二是讲方法，即通过典型问题，讲基本解题方法和技巧，引导学生突破定式思维，创新解答方法，通过一题多解、一题多变、多题一解等手段，深入挖掘典型试题的潜在功能，讲清"可以如何做"的问题；三是讲规律，即通过对某一道题目的解法，提炼并归纳出一类问题的解题方法，形成相对固定的解题策略和程序化的操作方案，达到讲一题、会一类、纠一道、会一种的效果，讲清"以后怎么做"的问题；四是讲变化，即借题发挥，对原题进行合理的变形，引导学生多角度、多层次地分析问题，辩证地认识知识与方法的联系，在变化中思考、顿悟，以巩固强化学习效果，讲清"灵活解题"的问题；五是讲规范，即如何规范表述解题过程，如何对试题中的条件进行等价转化等，提升学生思维的严谨性和科学性，讲清"规范解题"的问题。

例如，在"几何概型"中，学生常常对所选测度（长度、角度、面积、体积等）有疑问。教师要通过条件的比对，帮助学生分析其中的差异，同时，也要注意引导学生体会其中的辩证关系。

（五）变拓强化

在正确解答思路揭示后，教师应该趁热打铁，乘胜追击。教师针对所讲评的问题设计相应的变式练习，进一步巩固教学成果，达到以练习促巩固，以变化促反思，以拓展促提升的效果。

题目可以有一定的变化和递进性，让学生通过训练，发展深度；通过拓展，体现广度。同时，借助讲评，要对问题的解答思路及方法进行归纳和升华，以达到举一反三的效果。

（六）当堂测评

试题讲评后，必须根据课中反馈的情况进行测评，这是检验课堂学习的重要环节，也是保证讲评课教学效果的必要环节。当堂测评是落实知识的有效载体，是提升学生能力的重要环节，是教师进行课堂教学反馈的重要标尺。当然，讲评课后的矫正补偿同样重要。教师可以要求学生将解答有问题的题目订正在试卷上，或将典型的错误收集在错题本中，做好标注和说明。教师也可在条件允许的情况下精心设计反馈题，让讲评课的效果落到实处。

第四节　复习课的教学设计

在学期临近结束时以及高三复习过程中，复习课是一种主要的课型。复习课涉及一个单元或主题的知识，知识覆盖面广，教学内容多，思维量大。复习课可分为单元复习课、期中（末）复习课、学业水平考试复习课、高三复习课（一轮复习、二轮复习等）。

学生可以通过复习课系统地回顾单元或主题知识，发展数学思维能力。同时教师可以通过复习课弥补教学过程中的缺憾，提高教学质量。复习课的教学也有很多的误区，如把复习课上成习题课，甚至新授课、复习课成为机械地训练课程。有的教育专家指出，好的复习课一要防止考点化，加强专题化；二要防止材料化，加强课程化；三要防止训练化，加强学习化。我深表认同。

一、复习课的教学目的及功能

复习课最重要的是达到"温故知新"的目的，让学生对已学过的内容进行归类、整合、转化，体会知识的内在联系，进而融会贯通，建立起知识间的内在体系，形成对知识完整、系统的认知；让学生通过典型例题的分析和解答，在方法与技能的训练中进行信息提取与加工，知识回忆与联想，技能锤炼与思想感悟；让学生在不同情境或开放问题中深度探究，感受知识的选择与应用和方法的顿悟，形成个性化的策略行为，提升发现问题、分析问题和解决问题的能力。

二、复习课的教学内容设定

复习课的教学过程主要是围绕单元或主题教学目标，对全单元或主题的知识进行梳理，建构知识体系；通过典型例题，复习基本方法和基本技能，查漏补缺，突破疑难，并能站在更高的纬度进行分析和解答，形成更深层次的知识认知，进而在归纳反思中形成个性化的解题经验。复习课的教学内容包括知识的梳理与知识体系的建构、典型问题或例题的分析与解答、方法的总结归纳与规律的提炼升华。

一般来说，复习课的教学内容设定应满足以下三个重要原则。

（一）系统性原则

复习课是对一单元或某主题进行的复习，因此复习课首先要体现统领性。复习课不是新授课的重复，而是要把平时所学的零碎的、局部的知识纵横联系，甚至与其他单元或主题的知识相关联，使之系统化、结构化，揭示各部分内容之间、数学与其他学科之间的内在逻辑联系，使学生进一步明确各部分知识在教材中的地位与作用。复习课也不是习题课的压缩，而是将相关题型放到整个单元或主题内容的高度上去审视、分析、提炼。教师要引导学生在题目的解答中有意识地淡化练习，着重感受知识的应用、突破的角度、方法的优劣，并在此基础上生成丰富的个体化体验，形成基本活动经验，提升分析和解决问题的能力。

（二）针对性原则

复习课中题目的设计，重难点的确定等都要有相当强的针对性，否则，无法在一到两节课内对单元或主题的内容进行有效的复习。复习课在内容上不能面面俱到，要突出重点，否则就会出现胡子眉毛一把抓的情况；不分主次的梳理，课堂上产生大量无效或低效时间，复习课成为新授课的"压缩饼干"；复习课要瞄准学生需求，并以"大"视角解析，要选择在知识的交汇处、在思想方法的凝结处、能"牵一发而动全身"的题目进行练习和讲解，使学生通过复习有新的收获、新的体会，否则就会形成"原地转圈"的效果；复习课要瞄准"形而上"的"道"，而不是一招一式的"技"，教师要引导并帮助学生提炼解题规律与方法，生成个性化感悟，否则就会出现聚焦过甚，在细枝末节上下功夫，导致只见树木不见森林，复习课成为点对点的"针灸"。复习课要兼顾"大"与"小"。"大"指的是大局观、整体观。教师要针对课标的要求，针对教材的重难点，结合学生学情，设置全面、准确、有度的教学目标，既要凸显出知识的系统性，又要突出重点知识和重点题型，还要瞄准学生的薄弱处与提升处。在复习课时，教师可以适时地出示课时的学习目标以便引导学生在课堂上带着目标学习，明确学习任务和学习要求，提高学生的学习专注度，提升课堂达标度和课堂教学的总体效益。

（三）整合性原则

复习课的系统性要求和高观点视角就要求教师要对单元或主题的内容进行合理有效的整合与开发，先破后立，深刻挖掘单元或专题中的核心知识及目标，并以之为中心组织课堂设计。教师可以将教材或教辅中的问题进行整合和改编，将教学情境和内容进行适当的"陌生化"，使学生在陌生的情境中，进入探究状态，让学生在分析和解决问题的过程中提升思维的品质。教学过程中可以适当地打破章节顺序，对内容进行重组，甚至基于单元的视角呈现一定的开放性，鼓励学生站在单元或主题的观点下积极思考，大胆联系，勇于创新，乐于表达。

三、复习课的教学环节

复习课一般通过以下教学环节完成：基础回顾—典例引路—交流展示—精讲点拨—巩固强化—评析升华。

（一）基础回顾

教师要充分地发挥学生的主体地位，通过问题导引方式，引导学生主动进行知识回顾，能够熟练地掌握单元或主题中的概念、定义、定理、公式及其应用（推导、正用、逆用、变形转化等），并能准确自然地使用自然语言、图形语言、符号语言等进行表达和运用，在此基础上将已学过的知识点按一定的标准分类，将知识条理化、系统化、结构化，构建知识网络，并达成理解记忆的目的。教师可在学生构建完知识网络后，进行总结完善。

如"统计"章节复习课。该单元要求学生能够根据实际问题的需求，选择恰当的抽样方法获取样本数据，并从中提取需要的数字特征推断总体，能够正确运用数据分析的方法解决简单的实际问题。为此，笔者在课堂开始与学生一起梳理了统计的操作流程。

学生不仅对统计的整体流程有了直观系统的认识，而且透过流程图，可以更清楚地认识到每一环节在统计中的具体地位和作用，加深对知识的理解。

再比如，在"直线的方程"复习课中，教师可以根据所学内容引入：坐标法是以坐标系为桥梁，把几何问题转化成代数问题，通过代数运算研究几何图形性质的方法，是解析几何中最基本的研究方法。例如，几何中的点可使用坐标表示，几何中的倾斜程度可用倾斜角或斜率刻画，几何中的直线可用方程表示。当然，代数式也可以在一定的条件下具有几何的属性。

在基础的回顾中，教师通过问题或叙述帮助学生将知识串联成线，为复习奠定知识基础，同时在知识的整合过程中，学生能够清晰地感受到知识的结构脉络与发展过程，为知识的序列化、结构化奠定基础。

（二）典例引路

复习课重在通过例题的练习和讲解，整合知识的应用，提升能力。精心地选择适量的典型例题，分析并解决这些问题是一堂复习课的课堂明线。例题的目的是通过题目的解答过程，为学生分析问题和解决问题提供一个原型和可借鉴的思维路径，为方法的迁移应用提供范本。复习课课堂的另一条暗线为思想方法的提炼与归纳。基于此，例题的选择除了要覆盖复习的内容之外，还必须有一定的典型性、示范性、综合性、拓展性。甚至有时可以考虑根据学生学习水平，设置开放性的问题。教学过程中，要充分挖掘例题本身所蕴含的价值，掌握其中的共性解法，理解背后的思想方法。教师要注意引导学生通过纵深探索，横向关联，逐步优化认知，开阔视野，增强体验。

如"解三角形"复习课。本课是"解三角形中的最值问题"的专题复习课——利用轨迹求解三角形中的最值问题，以"数形结合"的思想方法为主线，串联起"不定三角形"中的各类最值问题，并分别以数形两种途径求解，体现数形相互联系的特点。

三角形中有三个内角和三条边。解三角形主要是应用三角形中的已知边角信息求解其他边或角，常规是"知三求三"的模式。也就是说，在三角形中，只要知道了其中的三个边或角的信息（三条边、两边及一角、两角及一边）均可求出其余的边或角。如果条件中仅给出两项信息，那么对应的三角形就可能会有无数个，在这个形状和数量关系都未确定的三角形中，就会产生最值。

在"直线的方程"复习课中，如何根据实际情况选择合适的方程形式，同时理解每种方程式所凸显的几何属性以及各种方程的内在逻辑统一性是复习的重点。为了增强认知和体验，加深学生对于知识的理解，同时避免知识和问题以碎片化的形式出现，教师可以将不同的问题集中在同一背景下，通过数据的调整和问题的设计，建立基于同一背景的问题串或问题系统，让学生从不同角度、在不同层次上探究，逐渐逼近知识内核，形成丰富的体验。

如教师可利用几何画板，构造分别以 $A(-1, 1)$，$B(1, 3)$，$C(3, 2)$ 为顶点的三角形，然后设计以下 5 个问题：①求 AC 边的中线所在的直线方程。②求平行于 AC 边的中位线所在的直线方程。③求 AC 边的高线所在的直线方程。④求过点 B 且在两坐标轴上所得截距相等的直线方程。⑤求过点 A 的直线方程，使得点 B、C 到该直线的距离分别相等。

五个问题聚焦于直线的方程的求解，涉及直线方程形式的选择以及参数的求解；同时，直线本身内在的几何属性也为直线方程的求解提供了相应的指导和暗示，体现了解析法中"以数解形"和"以形助数"的要求和特征。

（三）交流展示

教师设置好典型例题后，要给予学生充分的时间独立思考，有一定难度的问题可以在独立思考的基础上再进行小组合作。教师要最大限度地发挥学生的主观能动性，给学生提供自由发表意见的舞台，在学生之间倡导自由、平等、民主的学术氛围，鼓励学生展示、评价、辩论，让学生通过观察、表达、比较、评析的过程，培养学生正确运用知识、多角度分析问题、灵活选择方法、客观科学评价的能力。教师也会在学生的交流和展示中，观察学生学情，预估学习效果，并根据学生交流展示中暴露的问题开展下一环节的"精讲点拨"，实现以"学定教，以生定教"，进一步提高课堂的针对性和有效性。

在教学中，如"平面向量"内容的一节复习课，以一道方法灵活的填空题为载体，给学生充分展示交流的时间和空间。复习时，又设计了以方法展示和比较评价为主线的教学活动，让学生通过充分的表达、交流，细致比较评析方法的优劣，体会方法背后的知识和思维，将平面向量的运算（包括符号运算、坐标运算、图形运算）进行了系统的复习，并以问题驱动学生思考运算方式的选择切入口，让学生体会知识应用的方向与可能性，总结问题求解的策略和经验，实现从一道题的解析达成一类题的解析的效果，大大提高了思维的灵活性，提升了思维品质。

（四）精讲点拨

教师可根据学生在交流展示中暴露的问题（知识错误、步骤规范情况、思维转化、方法选择等）进行精讲；同时对学生交流中呈现的有价值的教学资源（独特的思维和方法等）进行合理利用，真正体现"以学定教"。教师的讲解和点拨除了对题目解答的思路进行梳理、步骤进行规范之外，重在对题目解答内在规律的总结与提炼。另外，需要特别指出的是，解题的目的绝不仅仅是解决一个题目，而是要通过该典型问题的解答归纳提炼出通性通法，揭示解决问题的一般方法及问题背后的内在规律，体会其中蕴含的丰富的数学思想方法，提高分析问题、解决问题的能力。所以，"讲"和"点"要突破一招一式的训练，指向思维和思想层面。当然，精讲点拨往往会和上一环节穿插进行，实现师生、生生之间充分、有效地互动。

（五）巩固强化

经过前面的典例解析和教师的点拨后，学生需要进一步巩固强化，形成技能。教师应设置一些基础性和挑战性的问题，设计不同层次的习题，引领学生通过反馈巩固所学，强化认知，教师也借此判断学生是否达标。

教师可以在典型问题的基础上，精心挑选练习题进行检测达标。题目可以是类似问题，直接检测知识是否熟练准确、方法是否娴熟；也可以将条件与结论互换，加强或削弱命题的条件、删除其中某个条件，使之结构不良化等方式，引导学生举一反三、融会贯通，增强知识应用意识和创新能力。

（六）评析升华

本环节是复习课课堂教学过程中不可缺少的、最重要的环节，是整节课灵魂的揭示、思想的提炼。恰到好处的评析总结能够有力地引导学生对所学知识进行归纳梳理，使知识系统化和网络化，使重、难点得到强化和升华，发展学生的思维能力；同时，教师的评析升华还会形成有效的示范，引导学生形成主动归纳、提炼、建构的意识，提高归纳的能力，培养良好的学习习惯，有效转变学习方式。

第五节　建模课的教学设计

数学模型是指对于现实世界的某一特定对象，为了某个特定目的而做出的必要的简化和假设，运用适当的数学工具得到的某个数学结构，它或者能解释特定现象的现实性态，或者能预测特定对象的未来，或者能提供处理对象的最优决策或控制。《新课标》指出，数学模型搭建了数学与外部世界联系的桥梁，是数学应用的重要形式。它是数学应用的重要形式，被称为"现实世界的理性视角"。

在高中阶段，数学建模即是在实际问题中建立一些基本的数学模型，如线性模型、二次曲线模型、指数函数模型、对数函数模型、三角函数模型等，解决实际问题的过程。同时，数学建模是一种基本学科核心素养。《新课标》指出，数学建模是对现实问题进行数学抽象，用数学语言表达问题，用数学方法构建模型解决问题的素养。

一、建模课的教学目的及功能

数学建模课主要培养学生用数学语言表达现实世界，发现和提出问题的能力；培养学生应用数学知识，建立数学模型，解决实际问题的能力；认识和体会数学模型在科学、社会、工程技术等诸多领域的巨大作用，感受数学的应用价值；积累数学实践经验，提升实践能力，增强创新意识和科学精神。

学生可以通过数学建模课了解熟悉的数学模型的实际背景，了解数学模型中的参数、结论的实际含义，学会用数学的眼光观察世界；知道数学建模的基本过程，并能够在现实情境中，选择合适的数学模型表示所要解决的数学问题，甚至创造性地建立数学模型，解决问题，学会用数学思维分析世界；能够理解数学建模的意义和作用，清晰、准确地表述建模过程中的问题及解决问题的过程和结果，有条件的可以形成研究报告，学会用数学语言表达世界，并在此过程中逐渐树立科学的探索精神和严谨的治学态度。

二、建模课的教学内容设定

数学建模是运用数学知识解决现实问题的一类综合实践活动，它有一个显著的特点，问题导向明确，需要有一个具体的问题引导活动的全过程。因此，数学建模课的课题选择至为重要。

数学建模的选题可以是由学生自己确定课题，也可以由指导教师帮助学生确定。建模课的教学内容可以是一些基于数学表达的经济模型和社会模型，如存款贷款模型、^{14}C 衰减模型、牛顿冷却模型、人口增长模型、生产函数模型、凯恩斯模型等，也可以是来自现实生活当中的具体问题，如邮费或打车费用问题、不可及距离的测量问题、礼品盒包装问题、体重与脉搏的关系等问题。

教学内容的设定要满足以下三个原则。

（一）关联性原则

课题选择要与学生阶段所学内容有一定的关联，这样数学应用的意识才能够更好地渗透到教学过程。例如，在指数函数教学中，可以引入人口增长模型、种群增长模型；在对数函数教学中，可以引入 ^{14}C 衰减模型；在数列的教学中，可以引入存款贷款模型；在平面向量的应用教学中，可以引入不可及距离测量问题等。只有所建立的数学模型与当前所学高度关联，建模过程中需要的知识、方法与当前所学高度吻合，学生才更能够在建模的过程中体会数学模型的现实意义，体会各种参数的实际背景和具体含义，增强数学应用价值的体验。

（二）可操作性原则

数学建模素养的养成是一个渐进的过程。学生对于数学建模活动的认识也是递进的。《新课标》对数学建模素养水平划分为三级水平，教师可以参考数学建模素养水平的描述，根据学生不同的等级水平设定教学内容和教学活动，选择适合的课题内容，选择将课题做到何种程度。学生慢慢地实现从被动感受到主动参与，从模仿操作到自主探究，从局部参与到全程参与的转变，在建模的学习中逐渐积累发现和提出问题、分析和解决问题的经验，积累独立思考和合作交流的经验，逐步提升能力和素养。

（三）探究性原则

数学建模并不是简单地应用数学知识求解数学问题，而是在综合的情境中，以数学的视角来观察和分析现实世界，寻找并揭示事物内部的规律，探索并完善模型。这个过程中包含了搜索、调查、猜想、试探、证明、修改等一系列指向开放的动作，是基于学生自身经验，与学生生活、学习密切相关，涉及数学学科内部甚至跨学科的知识、工具、方法、资源，是一门综合性实践课程。因此，课题的选择要具备一定的探究性，教师以指导者和助手的角色参与，以此强调学生的自主性和实践性，让学生在"做数学""用数学"的过程中体验建模和探究的全过程，感受数学的"源"与"流"，感受数学强大的学科价值和应用价值。

三、建模课的基本环节

《新课标》对数学建模活动提出了具体操作要求：数学建模活动应该以课题研究的形式开展，包括选题、开题、做题、结题四个环节。选题是数学建模活动的第一步，也是至关重要的一步。选题需要结合实际背景，选择具有挑战性且有现实意义的问题，同时还应考虑团队成员的兴趣，确保所选题目既有趣又可行。开题环节需要交流选题的意义、解决问题的思路、计划与预期结果等，让学生有意识地用数学语言表达现实世界，感悟数学与现实的关联。做题环节需要经历问题描述、数学表达、建立模型、求解模型、得到结论、反思完善等过程，学会用数学解决实际问题，积累数学实践经验。结题环节则需要撰写研究报告，要求学生主动学习和分享、交流和反思，培养创新意识和科学精神。

数学建模过程主要包括在实际情境中从数学的视角发现问题、提出问题、分析问题、建立模型、确定参数、计算求解、检验结果、改进模型，最终解决实际问题。

根据以上内容，我们可以把数学建模课的实施划分为以下几个基本环节：选题—开题—做题（模型准备—模型假设—模型建立—模型求解—模型检验）—结题。

选题：问题是数学建模活动的载体。数学建模的课题可以利用教材、教学参考、课标所附案例等，也可由教师推荐或提供，也可由学生自主提出。当然，一般情况下，我们建议以教材和教学参考资料中所提供的数学建模课题为教学内容。这些课题与学生学习水平相称，与教学内容紧密相连，可操作性强，更有利于学生更轻松地走进数学建模。

开题：教师要引导学生进行充分的调查了解，进一步明确问题，并提出比较合理、可行的解决思路，明确研究目标、预期结果及成果呈现形式，为做题做好准备。

做题：①模型准备主要是深入分析问题背景及数据条件，梳理所学相关数学知识和模型，讨论模型的科学性与适切性。②模型假设主要是辨别问题主次，抓住主要矛盾，提出研究假设，简化模型，使课题研究具有操作性和可行性。③模型建立指的是利用数据及变量，初步建立关系，画出图形，初步确定模型结构、求解参数，最终建立模型。④模型求解利用所建模型对现实问题进行预测、决策、控制，对现实世界中的规律进行揭示，对未来的状况进行预测和预报，对现实行为进行合理决策。⑤模型检验指的是所有的数学建模都有一定的"仿真"性，也必会因"仿真"而导致一定程度的"失真"。本环节主要是将代数结果与现实结论进行比对，对模型进行检验。

结题：本环节主要是对建模的过程、结果进行充分的展示和回顾，让学生分享成果和收获，尤其要突出数学在问题解决过程中的巨大作用，突出学生在解决问题过程中的认识、转变、成长等。教师可对建模活动的过程及成果进行必要的评价，也可以开展学生自评、互评等评价活动。

值得注意的是，数学建模是一项综合实践活动。一个课题从开题到结题往往是需要多个课时来完成的，甚至很多工作需要延伸至课外实施。所以，教师在策划和组织数学建模活动时，需要关注活动的整体设计，以便推动数学建模有序进行。

第三章　核心素养下的高中数学高效课堂建构策略

第一节　核心素养与高效课堂

发展学生的核心素养，既需要宏观的顶层设计，中观的学科分化，更依赖微观的课堂教学。核心素养的培养需要发挥课程的功能，即促进学生学习经验的获得、改造和固化，而这种经验的改变需要通过学校教育、家庭教育、社会教育来实现。根据相关调查，学校教育对学生学习发展的贡献可达 70% 左右。相对家庭教育、社会教育而言，学校教育更加制度化、系统化、专业化，更能有效地传播人类积累的科学文化知识、培育学生适应个人和社会发展所需的各种能力，以及提升学生的思想品德修养。学校教育是培养学生核心素养的主要教育方式，而课堂教学是核心素养培养的核心阵地。从这个角度来讲，核心素养培养和高效课堂建构，两者是相辅相成、互相影响和互相促进的。在核心素养背景下，高中数学课堂教学的高效性将会得到提高。

一、高中数学课堂教学效率不高的原因

（一）教师方面

部分教师教学随意，备课不充分。有些教师依仗自己有多年教学经验，总是有种"吃老本"的心理，不认真总结教学经验，改进教学方法；不认真备课，即使备课，也是随便看看课本及教学参考书；不亲自动手解题，总是照着答案讲解；不注意拓展，上课也比较随意，没有明确具体的教学目标，教学内容准备不充分，讲课思路不明确，学生听课抓不到头绪；掌握不住重点，无法有效引起学生对教学内容的兴趣和关注。

与此同时，这样的教学态度潜移默化地影响着学生的成长。

教学观念守旧。当前，普通高中数学新课程改革已经开始，但传统的教学理念使然，再加上数学是高考中的主要科目之一，本着应试的观点，部分教师仍习惯于传统教学模式。课堂仍是教师讲，学生听，师生互动少。教师没有应用自主、合作、交流的教学形式。为了提高学生的数学成绩，部分教师大量挤占自习时间，大搞题海战术，不断重复地做练习，而且不及时纠错，这种做法加剧了学生产生厌学的心理。在课堂上为学生总结大量的方法技巧，强调记住一些题型，不注意对分析问题能力的培养，造成学生不能很好地变通知识，灵活解决问题，影响了学生的能力养成，阻碍了新课程的实施。部分教师不使用多媒体进行教学，认为一张嘴、一支粉笔、一块黑板是最好的，以为课件的弊大于利，会分散学生的注意力。

新理念、新方法，不知如何落实和应用。许多教师由于对新理念、新方法领会不到位，无法正确有效地在课堂上实施，以致在教学过程中出现更严重的低效现象。例如，为体现新课程理念下学生主体性的发挥，有些教师不加引导地组织学生开展小组讨论，出现教师完全成为旁观者的假热闹局面；为体现新课程理念下强调学生的自主学习，有些教师在课堂上只管布置任务，不及时反馈；为体现新课程理念下强调的有效激励，有些教师误把"有效激励"当作"夸奖鼓励"，与课标提出的培养目标相距甚远，导致课堂教学效果大打折扣。

（二）学生方面

根据调查，由于数学是高考的重要考试科目之一，学生整天疲于应付上课、作业和考试，脑力消耗大，压力大。长期的枯燥学习、被动学习使学生的厌学情绪很重；还有部分教师不注意指导学生的学习方法；学生不会自主安排学习，课后较多的有效时间都被学生在无效的状态下浪费掉了，再加上数学学科的特点，更加重了学生学习畏难情绪；还有来自学校、教师、家长的种种因素，这都有可能影响学生学习数学。另外，学生们很容易出现对数学的恐惧心理，将数学视为所有学科当中最难的科目。如果学生缺乏对数学的学习热情，对数学学习采取消极的态度，就容易造成课堂学习效率低。

二、基于核心素养背景下高效课堂建构策略

（一）有效的准备策略

有效教学应该是有精心准备的、有计划的、注重个体差异的教学，强调教师目标明确，认真备课，对教学内容合理梳理，对学生情况掌握准确，能因材施教。有效准备策略强调了备课的重要性，它是上好课的前提和基础。备课充分，上课时就会游刃有余，在面对各种教学突发事件时，会泰然处之，不会手足无措。在以前的教学中，教师总是把课备得很固定，解决一个问题用时多少，这节课必须完成的教学任务有几个，提几个问题，叫哪几位学生回答，就会导致学生在课上只是一个机械的记忆器。教师讲多少，学生就学多少，布置什么作业就做什么，学生不会自己安排学习任务，这也是很多家长反映"现在的孩子们缺乏学习精神，稍微有点转弯的题他们都不会做，不去思考"的原因所在。我们每位教师在教学中，一定要在课堂教学前精心准备。做到课堂教学波浪式推进，使课堂教学时间优化，学生思维密度匀称。

（二）有效的课堂讲授策略

讲授法是当前高中数学教学中广泛采用的教学方法。《新课标》倡导教师将课堂时间还给学生。一些教师就把这个理解为课堂上要少讲甚至不讲，出现的做法就是遇到问题就完全放手让学生去讲、去做，没有具体的要求、提示和指导，于是就会出现学生在一些非重点问题上纠缠太长的时间，在一些重点问题上研究不到位，思维散乱的现象。表面上看课堂气氛活跃，发挥了学生的主体作用，实际上是教师主导作用的缺失，既浪费了时间，效果也不好。笔者认为在当前《新课标》背景下，课堂教学少不了讲授法，因为讲授法拥有其他教学方法所不具备的优点。具体而言，讲授法的优点有经济、简便、知识容量大、覆盖率高，它能在短时间内传授大量系统的知识，梳理和拓展各种零散的知识；讲授法可以把抽象的数学问题与现实生活中的实例相联系，变得具体实在，让学生的畏难情绪减少；讲授法可以将数学教材中蕴藏的数学思想、数学

思维方法等讲透彻；讲授过程会融进教师自身的教学素养，这对学生的影响是不容忽视的；讲授法还能使教师对课堂进行更好的调控等。有效教学必须有一个科学、合理、有效的课堂讲授策略。而前面我们谈到有效教学对教师素养要求比较高，不仅知识渊博，还需要教师应用教学智慧，对教学资源进行整合、配置和有效利用，以实现有效讲解，即不仅"肚里有货"，还能将它积极有效地呈现出来，不让学生成为被动灌输的机器。

（三）有效的课堂提问策略

学问即有学有问。课堂提问是教师经常用于激发学生积极思考的教学手段，但提问也要讲究方式方法，好的问题可以激发学生的思考，但为了提问而提问的做法，会让学生无从回答。然而，在现在的数学课堂教学中，教师发问多，引导学生发问少的情况较多，给予学生提问的时间和机会很少，再加上学生练习题多且难，学生变成只会问"老师，这道题怎么解"，久而久之学生的质疑精神就没有了，创新能力也逐渐消失，这也是我们教学经常面临的问题。数学课堂上高质量的课堂提问，是一门教育艺术，要掌握好这门艺术，教师就应勤于设计问法，努力去激活学生的思维、激情，提升学生的创造力。

（四）有效的激励策略

有效教学强调课堂气氛轻松活跃，强调师生平等。在这样的环境中，学生敢想敢说，没有任何顾忌，愿意将自己心里的想法说出来，与教师沟通交流，使问题得到解决，这样学生也学得愉悦。而教师的激励，能够为学生营造良好的学习氛围。美国心理学家罗森塔尔，在美国一所普通中学随机选择了一些学生，并告知教师这些学生具有较高的智力水平和潜力，结果经过一段时间的学习，那几个学生在学业成绩和自信心方面有了明显提升。为什么会出现这种现象呢？因为学生的知识获得和能力提升，是在教师的引导和有效激励下，凭借自己已有的知识经验和认知能力进一步提升来实现的。要完成真正意义上的内化，学生学习的情感因素起着至关重要的作用，这就要求教学过程要让学生的情感和兴趣处于最佳状态，要做到这一点就少不了教师要在教学过程中多激励、信任和关注学生。基于这一点实施教学激励是新课程的基本理念之一，也是提高教学有效性的重要途径。然而，现行的一些课堂缺乏有效激励，一些教师在课堂上只顾埋头教书，不注意把握时机对学生进行表扬，也不舍得花费时间和精力，使得课堂上要么没有激励，要么存在无效的夸赞。这种低效、无效激励的现状影响了学生的积极性，打击了学生的自信心。古人说过"水不激不跃，人不激不奋"。一个好的数学教师，要上好一堂成功的数学课应该善于把握激励学生的机会，做好激励学生的准备，发挥这种激励的作用，有效激发学生的学习动机和学习兴趣，使学生变得愿学、乐学。

（五）有效的习题设计策略

在数学教学中，不解题那是不可能学会数学的，更不可能在考试中拿得高分，但这也不是说解很多的题目就一定能拿高分。那么在有限的教学时间里，如何进行有效习题训练，教师的掌舵就显得尤为重要。教师如果注意习题设计，可以帮助学生在有限的时间内轻松地、很好地掌握数学概念、数学定理，提升个人能力。探寻提高练习有效性的途径和策略，也是提高课堂教学有效性的一个重要方面。新课程下的数学练习应着眼于学生的进步和发展，多进行有效练习的开发，实现提高教学效益的同时，为学生最大可能地减负。我们应该清楚有效练习不是靠反复练习、多多练习让学生掌握知识点，而应该是在有效的时间和精力下做一些必要的练习。让学生做一些既能巩固所学基础知识，也能形成技能技巧、发展逻辑思维能力、解决问题能力的练习。教师要在练习题上多下功夫，多发挥自己的智慧。课堂教学目标为教师课堂教学指明了方向，每一道习题的选取也应该有针对性。教师一定要围绕教学目标来设计练习题，如有些练习题目可以让学生加深对某个概念或定理的理解；有些练习题目可以让学生加快解题速度；有些练习题目可以帮助学生掌握某种解题技巧；有些练习题目可以锻炼学生解决实际问题的能力；有些练习题目还可以让学生纠正错误认识，等等。《新课标》要求不同的人在数学上要得到不同的发展，而且要根据学生的个体差异，实施差异教学。教师在练习的选取上，要注意针对不同学生，设计不同发展要求的题目，如对一些比较粗心的学生，就可以设计一些有陷阱的题目，实现提醒功效；对一些自满的学生，可以设计一些难度较大的题目，让他意识到自己的不足；对一些运算能力弱的同学，可以设计一些蕴含繁杂计算的题目，鼓励其认真演算等，让每一位学生都能获得成功的快乐。

第二节　核心素养与翻转课堂教学

新课程教育改革推动核心素养的培养要求。新课程改革逐步深入，要求加强对学生学习能力的培养，核心素养也对学生的创新精神和思维能力提出了要求。翻转课堂教学模式中，学生的自主学习能力受到极大重视，学生的思维能力有明显进步，翻转课堂教学模式成为推动我国教学改革和教育发展的一个重要契机。随着互联网的普及和教育信息技术的发展，社会已经进入信息化时代，互联网以及智能终端在中国城镇的普及程度很高，对教育教学的影响非常明显，加上教育信息技术本身的发展，包括学校信息技术基础设施建设的完善，教学相关信息技术的普及与进步，以及教师信息技术教学水平的提高，使得翻转课堂教学模式的常态化应用具备了重要的前提和基础。翻转课堂的教学是以信息技术为基础前提的，它让学生的学习更加主动，更加自由，是一种很好的培养学生核心素养的方法。

一、翻转课堂的概念和内涵

在翻转课堂的发展历程中，2007 年被视为翻转课堂教学模式真正开始在基础教育领域实施的一年，并且逐步扩大影响力。美国科罗拉多州的两个高中化学教师乔纳森·伯尔曼和亚伦·萨姆斯为了解决学生因为各种原因缺课而存在补课难的问题，将课堂教学内容的实时讲解与 PPT 演示的视频结合到一起，并上传到网络，那些课堂缺席的学生就可以通过这种方式补课。这一方式很快受到了学生们的欢迎，逐渐形成"课前观看视频讲解，课上互动内化"的教学方式，跟传统的"上课听讲，课后完成作业"的授课方式翻转过来。基于微课的翻转课堂学习模式是指教师下载、录制、编辑、制作学习视频，学习者利用手机 App 或教室多媒体等，在业余时间观看视频、独立完成自测。然后，将信息反馈给老师，等到上课的时候，师生、生生之间面对面进行交流、讨论，学生对不懂的知识点进行巩固和提高。通过这种方式教师可以顺利完成教学任务，学生也可以完成对知识体系的架构。

从整个框架来看，翻转课堂是学生在家里或者其他课余时间学习微视频，课堂上师生面对面一起讨论交流的学习模式。一些学生认为它是一种将传统讲授式（先教后学）转变为"学生先学教师后教"的模式，与传统课堂在本质上并没有什么区别，只不过是将导学案改编成了微视频，因而也将翻转学习称为"衔接学习"。以下利用"四个衔接"来解释和具体论述。

第一个衔接是课堂与课外的衔接。课堂上按照翻转课堂的要求，将学生尽可能地分为几个小组，各个小组在教师的指导下围在一起面对面交流同一个问题，彼此可以各抒己见，交流后整理形成结论，这个过程适合步调一致的协同性学习，学习的时间和场所比较固定。而课堂外学生的学习时间和场所就比较灵活，学生可以按照自己的意愿选择适合的学习场所观看视频，这样课前学生学习的时间和场所就完全由自己掌控，不受空间的制约。学生可以根据自身的能力随时调整学习进度，教师也可以参考学生课前自主学习的实际情况，在课中适当调整学习计划，尽可能地留给学生更多的时间去参与学习活动，进而独立解决问题。

第二个衔接是学生自主性学习与教师引导性教学的衔接。学生通过观看视频，自主探究教师布置的任务，对于当中不理解的内容或者模棱两可的知识点，通过微信群等平台反馈给教师，教师在课堂上针对学生的疑难问题进行分析，从而解决问题。从这个过程可以看出，学生成为整个学习过程的主体，但教师的作用仍然不容忽视。在翻转模式中，教师变成了整个学习过程的引导者，主要体现在以下两个方面：一是学生虽然在课外可以自己管控学习的时间、节奏和方式，但是学生所观看的学习内容和学习要求都是教师提前帮他们准备好的，更准确地说，就连学生这节课需要思考和解决哪些问题都是由教师确定的。二是在课中知识内化环节，虽然讨论交流的问题是学生在课前没有弄懂的内容，但是到了课堂中如何解决，解决到何种程度都是在教师的引导下完成的。

第三个衔接是网络学习与书本学习的衔接。教育信息化越来越普及，各种各样的学习模式层出不穷，其中最受欢迎、最受学生喜爱的学习方式是将网络学习与书本学习有机地结合起来，创建一种适合大部分学生学习的方式。大多数教育工作者认为，可以利用网络技术解决学生都不会的问题，即共性问题；利用书本解决极个别学生不会的问题，即个性问题。这是共性和个性的有机融合。

第四个衔接是能力与素养的衔接。翻转课堂既是能力教育，更是素养教育，是能力教育与素养教育的完美结合。它的本质特征是衔接，因此，翻转课堂又称为"衔接课堂"或"衔接学习"。

笔者认为，它是互联网时代发展下的一场学习方式的变革，但不是对传统学校学习的"颠倒"，准确地说是对传统讲授式学习的一种改善和创新。以学生为中心的学习模式已是大势所向，学校教育不能视而不见、听而不闻，而要积极应对，寻求改善办法。

二、翻转课堂的三个环节设计

基于微课的翻转课堂在高中数学学习过程中的融合，反映在学生学习过程的每一个环节，教师应该逐个设计和突破。为此，主要从以下三个环节来设计翻转课堂的学习过程。

（一）课前自主学习环节设计

翻转模式要求学生上课前根据自己的时间自行学习视频资料，并完成自学环节设置的一系列思考问题。在这个环节中，教师应该依据所带班级学生的实际情况，亲自动手制作微课视频或者下载适合学生的学习视频。最好将抽象的数学概念转化为通俗易懂的语言，使学生在观看视频时像在看一部有趣的电影，这样可以帮助他们快速地进入学习。举例来说，在函数奇偶性的学习过程中，教师先播放一段自制的微课视频，在视频播放的过程中教师应该一边演示一边讲解，帮助学生深刻理解奇偶性的概念，让学生初步理解这一概念的形成过程。其次，教师引导学生从对称性和单调性两个角度分别观察函数图象的共同特征，用简单通俗的语言帮助学生翻译微课视频中的要点和难点，尽可能让学生理解视频中函数图象和符号的意义，用自己的语言进行抽象概括和归纳总结，为随后的学习做好充分的准备。而学生则根据自己的实际情况，选取最适宜学习的时间段进行学习。这时，善于思考并且接受能力较强的学生，可以用很少的时间获取重点知识；而基础相对薄弱的学生，可以按照自己的节奏调整进度或者反复观看视频资料直至理解，理解得不够透彻也可以寻求教师和同学的帮助。这种模式正是《新课标》所倡导的，教师要加强这一过程中学生数学核心素养的落实。

（二）课中知识内化环节设计

课中知识内化主要基于翻转课堂与微视频，将课前内容结合课上内容来实现重点突出和难点突破，进一步催化学生的各项学习能力，形成有效学习反馈。教师要引领学生完成数学知识的重点掌握和难点突破，可利用课前自主学习环节所收集到的学生学习的反馈信息，同时结合本节内容学习目标来为学生剖析学习重点、挖掘学习难点。例如，在函数奇偶性的学习过程中，教师会通过微视频给出实物中对称美的几组图片，生动形象地激发学生的学习兴趣，做到"形"中有"数"，"数"中有"形"，帮助学生深层次地理解奇偶函数的概念，最后利用"数"与"形"的有机结合，总结出判断函数奇偶性的方法和步骤。将难点问题放在微课视频中，学生则可以结合教材与教师指导来突破学习难点，帮助学生更好地掌握内容。在翻转课堂学习过程中，教师可以融入微课视频、导学案、测试题等方式来提高学生的数学建模能力、交流合作能力、发现问题与解决问题能力，最后培养学生的发散思维和创新能力。

（三）课后评价与反馈环节设计

在课后评价与反馈环节，教师还要基于微课视频中知识点的呈现与布局来评价学生的学习成果，实现学生对于知识的有效内化过程。微课堂学习的优势是可以通过多次反复的学习来让学生形成良好的学习思维和习惯，并积累学习经验。通过翻转课堂学习理念，教师也实现了针对不同的学生个体进行差异性教学，利用反复播放和其他微课视频的方式来帮助学生解决难点问题，并评价学生的具体学习成果，为后续学习进程的顺利推进提供参考。在翻转课堂的整个学习过程中，教师根据学生学习水平的高低，可以多层次设置思考问题，及时了解学生的学习动态，有针对性地调整学习难度，尽最大可能满足各类学生的学习需求，这也反映出学习需要因材施教。除此之外，数学教研组教师在实施同课异构的教学模式时，可以依据不同教师上课的方式方法，总结提炼出适合本班学生学习的方式，之后根据学生在课堂上的具体学习情况，教师客观地写出本节课的学习评价，并认真总结学生的优势和不足，思考学生知识点学习得不透彻的主要原因。在这种形势下，尽可能地让学生花费很少的时间掌握重点知识，拓展各项能力，实现教学相长。

三、翻转课堂的要求

（一）教师方面的要求

一是资源的录制。翻转课堂的有效实施要求教师必须根据自己所在班级学生的具体学习情况录制视频和相关支撑材料，加上教师自身对微课也不是特别熟悉，因而在对数学知识进行选点、设计、录制时需要花费的时间远比想象的要多得多，这无形当中给学科教师增加了很大的负担。因此可以说，翻转课堂作为一项大型的教育教学改革，若要将它更好地运用到数学课堂的教学中，就要对它不断地进行探讨—设计—实践—再反思—再修改—再实践……这样一个反复推敲、逐步形成的探索过程，这个过程不可能是依靠一个人或者几个人的能力就可以完成的。它的形成、发展、成熟需要政府和学校各级领导的肯定和大力扶持推广，更需要一个专业的团队，在综合考虑各种可能因素的前提下去录制、下载、编辑、制作适合学生学习的视频资源，再将其上传至互联网共享。

二是微课的适用范围。虽然通过专业的师资团队能够录制、下载、编辑、制作微课视频，但是不是每节数学课都需要用微课来上？这是当前我们需要考虑的一个大问题。其答案是否定的，也就是说微课并不是适合于所有的数学课程。从微课的特点和数学课程的结构可以看出，微课不太适用于概念性、逻辑推理性和系统性较强的内容。对于高中数学中的三角函数、数列、解不等式等需要一步一步进行演算的章节内容，翻转课堂的学习效果就比传统学习模式的效果差,而那些直观的、动态的,如立体几何、圆锥曲线等比较适合微课形式。在进行数学教学时,我们不能盲目地滥用微课,要想让微课达到预期的效果,我们就必须在课程的设计上下苦功夫,对能够用微课学习的数学课程做到心中有数。

三是课堂管理模式。针对每一节数学课堂,是不是微课想怎么用就怎么用,学生想怎样观看就怎样观看,完全不需要考虑其他因素呢?其实不然,任何一种新的学习模式在应用于课堂的实践过程中,都不是一件简单又容易的事情,而是一个复杂且繁重的过程,这个过程能否得以顺利进行就需要有一套规范化的课堂管理制度和有效的评价机制做支撑,引领教师和学生有条不紊、井然有序地去操作、执行、实践。

(二)学生方面的要求

一是要求学生必须具备较高的自主学习能力。从笔者开展翻转课堂的实践看,目前本校的大多数学生仍然不适应翻转课堂学习模式,还是觉得传统讲授模式较好,只有教师讲解了之后,自己才会应用这个知识点解题。这样下去只会使学生越来越依赖于教师,自己对问题没有独特的见解和思考,学习过程只会变得越来越被动,完全失去了对知识的自主建构。这就与《新课标》的要求相背离,因为必须逐渐地去培养学生的自主学习能力,这样才能在真正意义上达到对知识的系统化理解和掌握。

二是搭建个性化的网络学习平台,保证翻转学习的高效运行。笔者根据自己运用翻转模式的过程,结合高中数学"函数单调性与奇偶性"这节课在高中学生数学学习中的实践探究,总结得到这样一个结论:使用翻转课堂的教师只有随时随地清楚地掌握每位学生的最新学习动态,才有可能针对每一个学生进行个性化指导。

(三)硬件设备方面的要求

笔者所在学校的微机房只是提供给学生上信息技术课,大部分高中生都是住校生,在校不可以带电子设备,如手机、电脑等,致使学生很难接触到电子设备,若要将翻转课堂进行推广使用到现在的课堂学习中,会使学校的教学设备严重不足,导致翻转课堂的实施不是特别顺利,加之校内高中生,白天的时间几乎都用来上课,也就是说即使教室有多媒体，一天下来也几乎没有时间去学习微课视频。现在只能利用课余时间让学生通过微信观看视频，随后将自己的学习情况通过微信反馈给教师。这样做的弊端就是教师不能够很准确地了解每个学生的学习动态和学习任务的完成程度，也不能够及时地对学生存在的问题进行有效辅导。这就需要每位教师考虑能不能在硬件设备方面多下点功夫，让翻转课堂可以顺利地进行下去。例如可以向学校申请为学生观看微视频专门提供一个场所，让学生可以根据自己的时间自行去学习微视频，这样就减少了学生因为没场所观看视频而产生的烦恼。除此之外，还可以购买一些专门用于制作微课的软件，方便教师根据学生的学情去制作适合本班学生学习的微课视频，这样的微视频可以对当前课堂的学习模式起到一定的辅助作用。

第三节　核心素养与概念教学

　　数学核心概念的教学作为培养学生数学核心素养的重要途径，也必然受到教育者的广泛关注与应用。如何在核心概念教学中培养学生的核心素养、划分的水平如何、应该运用怎样的策略进行教学，都是我们应该思考的问题。概念的教学一般处于新授课的阶段，教师在讲授某一概念之前应该对这一概念的整体知识网络有一个基本的掌握，抓住概念的核心点，形成知识主线。在概念生成过程中要体现与概念相联系的思想方法，教学过程中要有前后贯穿一致的思想主线。高中生的思维水平与初中时期相比，逻辑推理能力、抽象思维已经有了更大的提升，这就要求教师在精准地把握一节课主线的前提下，从学生的认知水平出发进行教学，所设计的教学内容要符合学生的学习情况。同时，要求教师自身要有过硬的专业素养，要精心设计教学环节。针对教师如何在核心概念教学中培养学生的数学核心素养，笔者提出以下的建议及策略。

一、加强教师自身专业建设，整体把握核心概念结构

　　《新课标》中将高中数学课程划分为必修课程、选择性必修课程和选

修课程，以必修课程为例，分为五个主题，分别是预备知识、函数、几何与代数、概率与统计、数学建模活动与数学探究活动。由于以《新课标》为指导的教材尚未完全编写完成，教师在授课中所采用的教材大多是旧版教材。而现有教材知识点的编排与《新课标》的知识顺序有着一定的不同，这就更要求我们高中教师应对高中数学知识有着整体的把控，对于核心概念的把握要更加精准、精确。高中数学教师要主动提升专业技能，增强自身对于"什么是核心概念""怎么提炼出核心概念"以及"怎样构架出核心概念与非核心概念之间存在的逻辑关系"等问题的思考与把控，提高对核心概念教学的重视程度。在《新课标》倡导的"学生主体、教师主导"教学模式的背景下，充分发挥学生的主观能动性去思考、去学习。由于学生处于知识积累的阶段，对于高中数学知识体系认识程度较低，因此更要发挥高中数学教师在课堂中的主导作用。这样的教育要求大背景下，对高中教师的教学素质提出了更高的要求。所谓"育人者，先育己"，教师要增强自身对于核心概念的掌握与思考。借助核心概念来构建整个数学体系的认知结构。教师在引导学生学习数学核心概念时，不仅要表达简练，教会学生核心概念，更要从培养学生核心素养的角度出发来引导学生；不仅要学习概念本身，更要深入生活。《新课标》对核心素养的要求已经很明确，对于核心概念明确认识，有利于更好地培养学生核心素养，帮助学生构建自己的数学知识体系，更明确、更发散地利用数学的逻辑去解决生活中遇到的实际问题。

例如，在"概率"模块的教学中，教师应该在讲授新知识之前，首先针对高中概率相关的内容，建立有关"随机事件"的结构体系，并对在高中数学教学中所涉及的相关概念进行分析，从中区分出哪些概念是核心概念，哪些是一般概念，并建立核心概念图。从"概率"模块的知识结构可以发现，"随机事件的概率"是其中最重要、最核心的内容，在授课的时候，不能将内容只是局限在某节课的内容里。通过对概念的分析以及概念图的建立，我们会发现概率这一模块的内容分支是沿着随机事件是否发生这一可能性展开的。在《新课标》里将原来"数与代数"领域的"百分数"内容移到"统计与概率"领域。通过对随机事件、确定事件以及其所包含的必然事件与不可能事件进行定义，并对事件在发生的可能性上做完整的分类，这对后续学习事件之间的关系以及运算，并利用相关知识建构概率模型起到很重要的作用。在之后的统计部分，利用无限重复实验，对某一事件发生的次数进行统计，利用频率的稳定值对概率进行定义。这一过程本身也是重现了历史上对概率的定义，从而可以帮助学生认识概率的本质。后续学习古典概型以及几何概型都是历史上人们总结出的一般性的结论。通过对概念整体上的把握，在教学中注意引导学生通过日常生活中的一些实例来了解随机事件及概率的意义，帮助学生通过对实际问题的分析、推理、归纳总结，选取合适的模型来解决相应问题等，从而落实对学生数据分析、逻辑推理、数学建模等素养的提升。

二、学习《新课标》，体悟数学核心素养

数学教学是培养学生数学核心素养最重要的途径，在落实素养的过程中究竟应该怎么做？教育家们的观点各有不同，但是在一点上是达成共识的，那就是提倡"为培养学生核心素养而进行教授"。例如，有人认为"学科教学的目的是培养核心素养，而不是单纯的传授知识"；又如"我们不应该把某学科的教学局限在这个学科内部，教学中只是考虑所教授学科的知识技能并不利于学生视野的开阔，也不利于我们对具有敏捷的思维、丰富的文化气质以及哲学素养的人才的培养"。还有人以爱因斯坦的观点"教育就是一个人把在学校所学全部忘记后剩下的东西"为依据，提出"把知识忘记了，剩下来的就是素养"。在这些观点下，难免有一些教师会对课程究竟应该怎么教，素养到底怎么落实产生疑惑。一些教师也并不清楚培养数学核心素养和培养学生"四基""四能"以及数学思维有着怎样的联系。《新课标》是我们进行教学的指导性纲领，依据学科的逻辑体系、内容主线、知识之间的关联进行设计，提出了明确的目标。在《新课标》中对数学核心素养有详细的界定以及水平划分，在每一个模块应该着重培养学生的什么素养，在教学提示中都有明确的介绍，并且在附录中给出了一些教学设计与素养评价的示范。

例如，《新课标》给出了投掷骰子的案例，指出目的是理解样本点、样本量、有限样本空间的概念以及在样本空间内进行随机事件的运算、

表达等。案例设置了将一枚均匀的骰子投掷两次的问题情境，并针对所提出的问题给出了详细的分析，从而揭示样本空间只与问题的背景有关系。又如在函数模块，《新课标》对"函数的概念"这一节内容，明确指出了教学目的为"理解基于对应关系的函数概念，并在此基础上感悟对函数概念进一步抽象的必要性"。同时提出问题情境"为什么在高中数学中，对函数的教学要强调是实数集合之间的对应关系"。同时，对初中函数概念所存在的物理背景和高中函数概念的表述进行了详细的分析，并举例说明；指出了对函数概念进一步抽象的必要性，同时在此基础上也介绍了函数的"关系说"。虽然在基础教育阶段并不适合在教学中引入"关系说"，但教师如果能够从更上位的角度去理解函数，将函数模块的主题知识视为一个整体，可以更好地引导学生理解函数概念的本质、变量之间的相互依赖关系到集合之间的对应，并且从函数图象的角度运用几何直观来理解函数。在归纳、总结、比较、分析中落实对学生数学抽象、直观想象、逻辑推理、数学建模等素养的提升。这些案例都给了教师很好的启示。教师在上课前应该认真钻研《新课标》，只有教师在理解了数学核心素养的内涵，才能在教学中以其为方向，以数学知识为载体，在数学概念内在逻辑的引导下，设计目标明确并符合学生认知规律的数学教学活动。

三、制定突出数学核心素养的教学目标

教学目标是教育目的和培养目标的具体化，是进行教学活动的起点。只有明确了教学目标，教师在教学活动中才能结合教学任务及学情，设计合理且丰富的教学内容，进行教学活动。数学核心概念中所蕴含的数学思想极为丰富，许多数学核心概念的本身也是数学课程的主要内容。在数学核心概念的教学中所体现及培养学生的核心素养也并不单一，并且是在数学的学习过程中循序渐进地达成。因此，教师必须综合考虑课程标准、教材内容以及学生学情这三个核心要素来确定一节课的教学目标，将"三维"目标进行整合，在深入理解数学核心素养的基础上，结合数学核心概念的特点，制定对数学知识的理解、数学技能的运用、数学思维培养的教学方案，以及帮助学生形成正确的价值判断、积极的心

理取向等要素的教学目标。也就是以教学的内容为载体，在教学目标的制定上充分突出数学学科的核心素养。只有明确了具体的教学目标，基于数学核心素养的数学核心概念教学才能在教师的指导下有效进行，教师才能以宏观的角度进行分析，从微观的角度作为切入点，在教学环节的设计中体现数学核心素养的培养。

例如，在"直线与平面平行的判定"这一节，是研究空间线面关系的第一课，所蕴含的数学思想非常丰富，包括"空间问题平面化""转换化归思想""降维思想"等，这些都是我们后面研究空间几何问题所要运用的重要思想方法，为后续学习面面平行、线面垂直、面面垂直等内容奠定基础。这节课课标没有要求用逻辑推理对判定定理进行证明，重点放在学生对定理的直观感知与操作确认。教师在教学过程中要注重对定理的发现、探索，并用渗透说理的方式讲清楚判定定理的可靠性。要以培养学生的直观想象素养、数学抽象素养、运用数学语言交流问题的能力为本节课的重要任务。同时，学生在初中及高一已经学习了空间结构体的几何特征，对简单的几何体有了初步的认识，能够从现实事物中抽象出几何元素，但是空间想象能力还不足，概括问题本质的能力还比较欠缺。如何从直线与平面平行的具体模型中想象并发现线面平行的判定定理，从中发现研究线面关系的一般方法，对学生来说难度还比较大。综合考虑上述问题，以突出培养学生数学核心素养为导向，本节课的教学目标可以设计如下。

通过直观感知、观察提炼、操作确认等方式初步发现、理解并掌握线面平行的判定定理；能够准确地运用符号语言、文字语言及图形语言表达定理；能够运用判定定理解决简单的实际问题。

在经历判定定理发生发展的过程中，感受降维思想、转换化归思想等，提炼空间问题平面化等解决空间几何问题的一般方法。

经历从现实背景中抽象出数学模型过程，培养学生发现问题、提出问题、分析问题及解决问题的能力，提升学生的直观想象、数学建模、数学抽象等素养。

四、在丰富的情境中教学，激发学生的学习热情

数学与我们的现实生活是密不可分的，我们培养学生的数学核心素养，根本上，就是要让学生会用数学眼光观察世界，用数学语言来描述现实世界，数学从现实生活的需要中诞生，也应该回归于现实。在情境中教学是培养和发展学生数学核心素养的重要方式。同时，我们会发现，数学中的许多概念也确实与生活有密切联系，数学概念尤其是我们所研究的数学核心概念本身是非常抽象的，传统教学里的概念讲授过于陈旧，在揭示概念本质的问题上难度很高，学生对核心概念本质的掌握也较片面，理解得不深刻。教师在教学中应该设计合适的教学情境，将核心概念与生活现实中的模型联系起来，选择丰富、全面的素材，帮助学生将头脑中原有的经验与所学的知识建立联系，对冰冷美丽的数学知识进行火热的思考，更有利于学生对概念的抽象学习，对数学思想的感悟以及对概念的形成。同时，采取多元的情境教学也有利于激发起学生的兴趣与学习的欲望，达到事半功倍的效果。

例如，在"方程的根与函数的零点"这一节课里，许多教师的处理方式是直接给出三个一元二次方程，分别是判别式大于0、等于0和小于0，要求学生求出相应的根并画出其对应的函数图象。让学生从这三个方程与对应的函数图象中直接发现并找出方程的根和函数图象与 x 轴交点个数的关系，然后教师再把二次函数图象与 x 轴交点个数和方程根之间的联系推广到一般情况，并给出函数零点的定义。这样的讲授方式虽然学生也能基本掌握知识内容，但是对知识发生、发展、生成的过程及概念是如何形成的，学生在本质上并不清楚，也并不明白学习函数零点的意义在于什么。由此，可以尝试对本节课进行这样设计：课前引入可以从"在罗马帝国时期，年轻的斐波那契在一次宫廷数学竞赛中，成功地判断出三次方程 $x^3 + 2x^2 + 10x = 20$ 的解，且获得精确到小数点后六位数的近似解（那时还没发明三次方程求根公式）"这个故事入手，并指出教材中也出现过诸如此类的方程，在没有现成求解公式的情况下应该如何求解，引导学生将方程与函数联系起来，初步体会用函数的思想解决方程的问题。在后续求一元二次方程与相应函数图象关系时，可以采

用几何画板，让学生更直观地观察随着函数变化，相应方程的根和函数图象与 x 轴交点个数的关系，从而从具体的数学问题模型中抽象出更一般的结论。这样设计可以提升学生的抽象素养、数学模型素养，也帮助学生加深了对概念本质的认识。

五、揭示概念本质，数学文化融入教学

在数学核心概念的教学中应注意到，作为核心概念，既属于数学概念，同时又具备了比一般数学概念更丰富的内涵及数学思想。因此，在教学中要尤其注意揭示概念的本质。核心概念所特有的根基性、可生长性、广泛联系性这些特点，使得数学核心概念在教学中具有可持续性以及长期性，所包含的数学思想会贯穿模块知识的始末。其中具有根基性的概念在高中数学课程中一般会作为课程模块初始章节，引领后续的知识学习，为其后面的知识做铺垫。而数学的发展史往往也伴随着数学概念的发展，众多数学家为了一个理念的进步共同努力着，对一个对象下定义、建立概念这一过程本身就具有极强的逻辑性。在教学中重视数学史的引入也有助于教学对核心概念本质的揭示。《新课标》教学建议里提出，数学应该被融入数学教学活动中。通过教师有意识地将之与相应的教学内容相联系，引导学生们认识了解数学的发展历史，这样有助于学生在数学学习中认识到数学在科学技术、现实生活、社会进步等中的作用；同时有助于学生感悟数学的价值，激发学生学习数学的兴趣，开拓学生的视野，并且在提升学生的科学精神及人文素养上有很大帮助；有利于学生进一步理解数学的本质，提升学生数学学科核心素养。因此，教师在数学核心概念的教学中也应该尤为重视对数学文化、数学史的融入。

例如，在"函数的概念"这一节中，有些教师在教学设计时并不注意函数概念的演变。函数的概念本身很抽象，学生理解起来比较困难，教师若在教学中只是简单地提问学生在初中所学习的函数概念，然后直接告诉同学们在这一节课上要学习函数概念的另一种定义，或只是简单地提及初中函数的概念是"变量说"，高中函数的概念是"对应说"，学生很难理解这两种定义的方式有什么区别，甚至会有"变量说不全面应该被舍弃"的误区，同时也并不能帮助学生认识函数概念的本质。所以，

在教学中，有必要引入函数的发展史，而纵观函数概念的发展史会发现，对函数概念的形成这一本身的过程实质上就是一系列的弱抽象，通过不断舍弃函数的非本质属性（如函数可以表示为曲线、解析式等），进而探索其本质性是对应的过程。这一过程包含了在物理运动、天体运动的规律中抽象出具体的函数模型，并从具体的函数模型中再抽象出更一般的函数概念，在一系列问题的推动下对函数的概念进行逐步修订、补充、完善。数学史的融入帮助学生认识到函数与生活息息相关，同时在高中学习中通过集合的角度对函数进行定义，本质上就是将生活中的数学问题抽象出来。只有学生从不同角度来认识函数，才能对其概念的本质有深刻理解。

第四节　现代教育技术的运用

现代教育技术，让高中课堂变得更加灵活和充满魅力。运用现代教育技术能够有效辅助核心素养的培养。现代教育技术不仅能够改善高中数学课堂教学，提高课堂效率，而且也能让学生可以独立应用现代教育技术。数学课堂参与性学习强调学生是作为主体参与课堂的学习活动，具有一些与学生参与紧密相关的显著特征，如主体性、民主性、情境性和互动性等。只有充分把握这些特征，教师在实施教学活动的过程中，才能充分发挥现代教育技术的优势。

一、运用现代教育技术促进数学参与性学习的应用原则

（一）现代教育技术在数学参与性学习中的角色定位原则

在参与性学习中，如何定位现代教育技术这一角色呢？建构主义理论认为，在教学活动中，教师是学生学习的引导者和促进者，而学生自己则是学习的意义建构者。那么，教师如何才能做好这一角色呢？许多学者认为教师在教学活动中要注意以下四个方面：第一，创设相对更真实和复杂的问题情境；第二，营造良好和谐的学习氛围，以便学生可以提出

自己的不同见解，平等地与教师、同学沟通和交流；第三，提供必要的学习工具；第四，还要给予情感上的支持，鼓励学生发现、探索问题，从而使学生主动进入建构新知识的角色，充分发挥学习主体的能动性。也就是说，参与性学习的主角是教师和学生，而教育技术只是"跑龙套的"，是为了促进教师的"教"和学生的"学"而生。以建构主义理论为依据，在参与性学习中坚持教师是主导，学生是主体，现代教育技术是辅助这一角色定位，因此，要特别注意把握师、生和多媒体三者的关系。

以教师为主导。在教学过程中，教师是整个教学活动的组织者和管理者。教师的主导作用主要表现在三个阶段：准备阶段——钻研教学目标，了解学生的实际，选择合适的多媒体，精心地设计教学活动；实施阶段——利用现代教育技术，有针对性地讲解或练习，进而灵活地、创造地组织学生参与教学活动；反馈与评价阶段——对学生的提问做出解答，评价学生以及指导学生进行自我评价。

以学生为主体。数学参与性学习中，学生是认知活动的主体，是知识意义的主动建构者。因此，要让学生参与到教学过程中，使多媒体技术成为激发学生学习兴趣的手段、参与数学活动的工具和环境。学生的主体性体现在学生具有自主性、能动性和创造性。具体可表现为有明确的学习目标、自觉积极的学习态度、迫切的学习愿望、强烈的学习动机；学习上能举一反三，善于利用已有的知识来解决新问题；能利用多媒体资源和网络平台进行选择性学习和进一步有效的自学活动。

现代教育技术是辅助。多媒体只是教师教学的助手，是学生参与学习的抓手，不能代替教师进行教学，更不能替代学生动手动脑。多媒体作为教学手段，只能辅助知识的传递，而知识的传承内化只能由人来完成，也就是学生必须参与到学习中来。多媒体教学的优势在于能使教师的表达更丰富和形象，能帮助学生看到以往看得见却够不到的地方。也就是说，配合教师充分发挥在教学中的主导作用，调动学生课堂的主体参与积极性，才是多媒体生命的意义和发展方向。同时，现代教育技术可以创设逼真的数学学习情境，用图象和动态的形式呈现数学问题，使得数学的学习材料更具有活动性和可视性，进而让学生切身参与到学习中来，深刻感受数学的魅力与价值，激发学习数学的兴趣，增强学好数学的信心。

（二）现代教育技术在数学参与性学习中的使用原则

人本主义心理学是针对之前的心理学总是把人的行为、认知与情感分裂开来研究的这种现象而提出的。它认为一个学习者首先是一个完整的人，即"躯体、心智、情感、精神、心力融会于一体"，所以任何人在学习时都既有理性的思考，也有情感的投入。人本主义把学生的学习分为两类：一类是无情感因素参与的学习，这种学习效果不好，所学知识易忘；另一类是有情感因素参与的学习，效果比前一种更好。学习要具备以下四个方面因素：学习是由学习者自己发动的；学习全过程中有学习者认知和情感的同时参与；学习者能参与到对学习过程和效果的评价中；学习活动能够诱发学习者情感的共鸣。秉承着以人为本的教学理念，教师在进行教学设计的过程中，关于现代教育技术在参与性学习中是否用和如何用，应遵循以下四个基本原则。

目的性原则。目的是一切教学活动的出发点和归宿。多媒体辅助教学的目的是实现数学课堂参与性学习的目标。数学教学目标应包含知识与技能、过程与方法、情感态度与价值观、行为与创新四个维度。将现代教育技术应用在参与性学习中，目的是促进学生主体的参与，也就是学习过程中要有学习者的认知和情感参与，只有学生的认知、情感参与进来，才能实现数学教学的四维目标。

多媒体与教学内容的选择组合最佳化原则。依据优先选择原理制定选择组合最佳化原则。教学设计是以分析教学需求为基础，确立解决教学问题的步骤为目的。解决教学问题的步骤中包括媒体、信息资源与教学内容相互选择的设计。数学的最大特点是抽象性、逻辑性，这也是在教学中要突破的难点。而这些难点的突破，必须依靠传统教学中严谨地分析、概括、归纳和论证来完成。因此，学生参与教学活动的重要前提是有一个高素养的教师，能用渊博的知识和灵活的头脑通过分析学情后设计出符合学生身心发展和需求、尊重学生个体差异的教学活动，合理智慧地去整合、配置和有效利用各种教学资源。现代教育技术在数学教学中所扮演的角色无论是工具还是平台，都是用以促进学生对抽象的概念和严谨的证明的有效认知，实现学生的认知参与，提高学生的参与兴趣，激起学生的参与热情。当然，无论是参与性学习还是接受性学习，使用多媒体技术应该关注的是数学课的最佳效果，如对学生的启发性、思考积极性、主动性等。根据教学目标和教学内容的实际需要，恰当地选择是否使用多媒体、选择哪一种多媒体来达到设定的教学目标是在教学设计中首先要思考的问题。

形式多样化原则。形式多样化原则的制定是源于多元智能理论和信息加工理论。加德纳提出，一个人至少包括语言、逻辑、视觉、音乐、运动、交际、内省、观察和存在九个方面的智能。每个人各有所长，且每一种智能都不是单独存在的，它们之间相互促进。他的理论被教育学家运用于学习领域，就产生了"在学习过程中，强调让学生多方面智能参与，多感官并用，可以增强学习效果"的理论。教师要根据学习内容的特点，合理地选择多媒体技术。丰富多样的学习形式可以激发学生积极主动地探究，情感参与自然会引发行为参与，进而达到事半功倍的效果。多媒体辅助教学中要注意问题情境与真实情况的统一，多媒体演播和教师的讲解要密切配合学生的看、听和思考。学生带着问题去参与，更能有效地获取数学知识。

及时、准确的反馈原则。依据反馈评价原理制定及时、准确的反馈原则。反馈控制是系统科学的重要方法，就是利用反馈信息，使系统的反应输出状态与预期目标相比较，然后根据比较的结果，对输入值进行修正，以达到系统输出状态与目标要求相一致的目的。参与性学习必须有反馈，不仅包括学生对教学做出的反馈，还包括学生在自己动手动脑的学习中真实的情感体验，以及教师对学生的表现做出的点评。这些反馈都要及时、准确，进而通过反馈来实现对教学的调整和把控。在多媒体教学中，学习者接收信息的渠道更多，知识的容量也会更大，教师更应关注学生的反馈信息，才能准确把握学生的学习情况，进而调控教学过程，保证教学质量。

二、现代教育技术在数学参与性学习中的应用策略

新课程衡量学生参与数学教学活动的标准是：学生能否通过参与数

学教学活动，习得更多的数学知识，培养更好的数学思维，发展更强的应用数学知识解决实际问题的能力等。具体来说包括教学活动设计是否符合学生发展与需求，是否尊重学生的个性发展；引导学生参与的时机是否恰当，能否最大限度地吸引学生；活动气氛是否和谐，活动是否民主开放，活动的内容和形式是否有层次感；时间和空间是否充分合理；学生行为参与的同时是否有深层次的认知参与。针对以上标准，根据现代教育技术的特点，归纳总结了以下策略，以便更好地发挥现代教育技术的工具作用，进而实现现代教育技术促进参与性学习的目的。

（一）收集信息

将教育技术作为收集信息的工具，制定参与的目标，培养学生主动参与学习的意识。有目标才会有接下来的行为，而行为参与恰恰是课堂参与性学习的一个重要维度体现。目标是行动的指南，只有让学生参与目标的制定，学生才能对学习目标有较为深刻的认识和体验，才不会在学习中迷失或是迫于升学压力等机械地学习。根据课程的内容和学习目标，一方面，教师可以利用教育信息技术的强大搜索功能，从庞大的数据库资源中选取符合课程目标的内容为己所用；另一方面，教师也可以组织学生利用网络检索进行社会调查，了解可供自己学习的课题，并利用信息技术来选择和确定预习任务，同时制订主题学习计划，包括确定目标、小组分工、计划进度等。学生参与了学习目标的制定，才可能主动地为达成该目标付出努力，甚至还能为自己设计出不同的到达该目标的路径。

（二）提供材料

将现代教育技术作为提供材料的工具，创设问题情境，激发学生求知的热情。事实上，学生情感参与比行动参与更为重要。在参与中情感逐渐地投入，才能取得良好效果。情感的参与拉近了知识和学习者之间的距离，让知识不再遥不可及，让学习者相信每一个人都能够学会旧知识，也能够创造新知识。可见，有了兴趣，才会更好地指导行动。问题是思维的起点，一切的发现、创新都是以问题为中心，在探究的过程中来完成。如果说问题是种子，那么数学情境就是数学问题发芽的土壤，也就是说只有精心创设的数学情境,才会引导学生发现问题和提出问题。在参与性学习活动中,只有让学生意识到问题的存在,才能激发学生参与和探究的兴趣。教师要合理地选择多媒体创设情境,为学生提供丰富生动的学习背景。教师要根据学习内容,从社会生活实际出发,将学生熟悉和感兴趣的实例作为情境,设计出具有启发性、挑战性和适度性的问题,激发学生求知欲的同时,也要在学生的掌握范围内,让学生能够解决问题。因为问题是在情境下才产生的,生动直观的形象有利于学生有意义的产生联想,进而使学生利用已有的知识、经验,完成当前新知识的顺应或同化。对比之下,在传统的课堂讲授中,所提供的情境不够生动、丰富或形象,不能有效地激发联想,难以提取记忆中的有关内容,因而知识的建构发生困难。也就是说,传统的教学手段缺乏情境性,以致学生难以将所学新知识纳入原有知识系统。恰恰多媒体作为提供丰富形象的学习材料的得力工具,可以为创设教学情境提供极大的便利。它通过提供图片、声音、视频等多种媒体资源,构建情景交融的问题情境,吸引学生的兴趣和求知欲,把需要强制学生注意才可能接受的新数学知识水到渠成地获得,为课堂教学的顺利进行和良好的课堂教学效果打下了基础。

(三) 探索和认知

将教育技术作为认知的工具来设计探究活动,给予学生主动参与的机会。认知参与是学生在学习活动中采取的学习策略,主要划分为高级学习策略和低级学习策略,培养学生的学习能力,从学会到会学。活动是知识的载体。关于知识,建构主义认为知识并不是对现实的准确表征,只是一种可能的解释或假设,并非问题的最终答案,因此,教学不能把知识作为预先确定好的东西强塞给学生,学生学习知识的过程是以他们原有的知识经验通过参与活动,依靠自己的意义建构来完成的。在数学参与性教学中,探究活动必不可少,无论是以主题探究为中心,还是以问题解决为中心,或是以任务驱动为中心的探究活动,教师都可以引导学生去积极参与、主动探索发现知识,不仅能使学生充分地参与到学习中来,更重要的是培养学生的思维能力。在各种各样的课堂探究活动中,多媒体并不只是把教学信息简单地丢到学生面前让其自己接收，而是与其他教学方法融合，最大限度地激活学生的思维，促进学生在活动过程中完成对新知识的同化，构建新的知识系统。作为促进主动学习、协作探索的认知工具的多媒体有多种多样的形式和形态，如投影仪、电子白板、数学实验室、"Z＋Z"智能教育平台、几何画板和 Mathematica（一款知名数学计算软件）等，可以建立数学模型、图形和轨迹，开展数学实验，化静为动，化抽象为具体，为学习者的认知参与提供帮助。由此可见，利用现代教育技术可以从多角度为学生的数学参与性学习创设接近真实情境的外部条件和学习环境。

（四）交流和互动

将教育技术作为交互的工具，营造和谐的师生关系，充分发挥学生的主观能动性。交流互动是情感生长的土壤，良好的交互工具。参与性教学中，师生关系是核心。教师应与学生建立起民主、平等、和谐的师生关系，严肃却又不失幽默，张弛有度，让学生在自由民主的氛围中无拘无束地交流，进而唤醒学生的主体情感参与，充分发挥学生的主观能动性。多媒体的交互性为师生、生生的沟通交流打开了一扇窗。在具体的实施过程中，可以将多媒体与信息资源库技术相结合，可以使学生与学生之间、学生和教师之间的交流沟通跨越时间和空间的限制；可以扩充学生的信息来源，从而拓宽知识面，提高眼界，使他们养成从不同角度发现问题和解决问题的能力。最重要的是，输入输出手段的多样化和个性化使得学生的主观能动性得到了极大的发挥。

（五）评价反馈

将教育技术作为评价反馈的工具，建立对教师的评价体系是促进参与性学习规范化的重要措施；健全对学生的评价体系是让参与性学习得以推广的必要前提。评价反馈是为了促进发展。参与性教学评价是激励性评价。来自教师、家长等长者的赏识和表扬等激励性评价，是学生学习动机中的内驱力；来自同伴、同学的积极肯定性评价，是学生学习动机中的自我提高内驱力。这些内驱力能增加学生的学习信心，进而提高其学习成绩，促进认知内驱力的形成。多媒体进行评价反馈时，具有评价的主体多元化、反馈的形式多样化的特点。多媒体的超大容量，可以实时详尽地记录学生的课堂表现，一方面，可供师生课后反复观摩、总结和反思教与学中存在的问题，进而改善各自的教与学；另一方面，作为教学资源的积累，使其精华在课下供学生使用，避免了教师的重复劳动。同时，多媒体作为一个展示平台，不同的学习成果、学习作品以图片、音频、视频的形式来展现学生的创造性，为学生的成功体验提供见证。

三、现代教育技术在数学参与性学习中的具体应用措施

现代教育技术贯穿于整个教育过程，因而恰当地运用现代教育技术可以优化课堂教学，提高学生的课堂参与。根据教学内容和教学对象的特点，一方面可以发扬传统教学媒体的优良作用；另一方面，合理地引进现代教学媒体，可以使两者各发挥其优势，相互补充，形成合理的教学过程体系，达到最优化的教学效果。以下为教学实验活动中所实施的相关具体举措。

（一）指导课前行为

参与这一活动的指导策略主要是利用现代教育技术收集信息的作用，同时也最能体现形式多样化的原则。活动中虽然容易实现以学生为主体参与教学目标、任务、内容的制定，但一定要对学生收集什么样的学习材料做出指导和要求。包括参与备课，让学生课前收集有关课程内容的数据和资料；自主课前预习，学生选择适合自己的方式完成预习任务。通过微视频，学生在课前对集合的概念有所了解，并能简单地举例，进而在课堂中就可以有针对性地学习，提高课堂行为参与的积极性，增强学好数学的信心。同时，还培养了学生独立学习、选择学习、会学习的认知参与能力。

（二）创设问题情境

吸引学生注意力，激发学生兴趣，营造主动探索的课堂气氛，为学生的情感参与做准备。由于现代教育技术突破了传统教学手段音效、视频的限制，恰好可以在新课开始，利用视、听的强烈冲击，引入和学习主题相关的教学背景。在尚未开始学习新知识之前，就引起了学生的注

意，将课堂导向了学生积极参与的氛围。利用生活中学生熟悉的实际问题所包含的数学原理，激发学生的好奇心，进而驱动学生积极思考，带着求知的欲望，学生很快就会进入主动学习的状态。

温故知新，展现新旧知识的联系，让学生的思维得到训练。由于多媒体可以扩大课堂的容量，加快节奏，更能清晰地呈现知识的生成生长过程。

（三）设计探究活动

化抽象为直观，提供丰富生动的直观材料，攻克抽象的数学概念。例如，在讲锥体的体积公式时，可以运用多媒体进行演示，将三棱柱分割成三个体积相等的三棱锥的过程。一方面照顾了部分空间想象能力较弱的学生；另一方面也锻炼了动手能力比较强的学生。同时运用分割法这一知识的迁移，使学生的思维得到了训练。化静为动，展示动态的变化过程，完成知识的意义建构。

第四章　核心素养下的高中数学课堂教学案例分析

第一节　函数的单调性

一、教材分析

"函数单调性"是高中数学教材中的内容，在学习本节内容之前，学生已经学习和掌握了函数的概念、定义域、值域以及函数的表示方法，为学习本节课内容起了良好的铺垫作用。本节课的内容对以后整个函数的学习都至关重要，在高中课程中具有承上启下的作用。所以掌握本节课的内容可以为以后学习函数打下坚实的理论基础。

二、教学目标分析

目标一：理解函数单调性的概念，初步掌握判断、证明函数单调性的方法。

目标二：通过观察、归纳、抽象，概括自主建构函数单调性概念的过程，体会数形结合的思想方法，提高发现、分析、解决问题的能力；通过对函数单调性的证明，体会数学的严谨性，提高学生的推理论证能力。

目标三：在运用函数单调性解决问题的过程中，进一步提高数学运算能力和数学推理能力，认识到数学知识的应用价值。

三、教学的重难点

教学重点：函数单调性概念的理解及应用。

教学难点：函数单调性的判定及证明。

四、教法分析

根据本节课的教学内容、目标和教学的重难点，本节教学课遵循教师为主导，学生为主体的指导思想，采用情境引入法和共同探究的教学方法。本节课先向学生呈现实际生活问题，由此引入课题，为概念学习提供生活背景，激发学生探究问题的兴趣，让学生的思维从问题开始，让每个学生积极地参与到课堂中并在形成概念的过程中合作探究。教师帮助和引导学生形成正确的概念，并在习题中逐步得到深化。

五、学法分析

在教学过程中，教师呈现问题情境，让学生思考解决。通过教师的启发与点拨，学生进行不断的探索，最终把解决问题的核心归结到如何判断函数的单调性上。然后通过对函数单调性概念的理解，解决本节课的教学重点与难点。整个过程中学生积极参与，积极思考，在探索的动态学习中，学生体验到了知识的形成过程，培养了自主学习的能力和严谨思考问题的习惯。

六、教学过程

（一）创设情境，引入课题

探究问题：德国著名心理学家赫尔曼·艾宾浩斯，以自己为实验对象，共做了 163 次实验，每次实验连续要做两次无误的背诵。经过一定时间后再重学一次，达到与第一次同样的标准。他经过对自己的测试，得到了一些数据（见表 4-1）。

表 4-1　实验数据

时间间隔 t	0 分钟	20 分钟	60 分钟	8 ~ 9 小时	1 天	2 天	6 天	1 个月
记忆量 y/%	100	58.2	44.2	35.8	33.7	27.8	25.4	21.1

问题：观察这些数据，可以看出，记忆量 y 是时间间隔 t 的函数。当自变量（时间间隔 t）逐渐增大时，你能看出对应的函数值（记忆量 y）有什么变化趋势吗？描出这个函数图象的草图。

师生活动：学生独立思考并回答问题。教师指出：在生活中很多数据的变化规律与我们的生活息息相关，如股票价格、降雨量等。用函数的观点解释这些例子反映的就是在一定区间内随着自变量的变化，函数值是变大还是变小，从图象上看就是上升还是下降。函数的这种变化规律就是函数性质的反映，也就是我们今天所要研究的函数的一个重要性质——函数的单调性。

设计意图：从生活中常见的例子出发，让学生对图象的上升和下降有着直观和感性的认识，为下面的概念讲解做进一步的铺垫，同时让学生感受到数学在生活中应用的广泛性，激发学生的求知欲。

（二）指导观察，形成概念

探究问题：让学生画出函数 $y=x$ 和二次函数 $y=x^2$ 的图象。设计以下问题：观察它们在哪个区间内是上升的？在哪个区间内是下降的？能否用数学的语言将上面两个函数上升或下降的特征描述出来？

师生活动：教师在问题的基础上，进一步强化学生对函数的感性认识，比如展示函数 $y=x$ 和 $y=x^2$ 的图象，让学生观察在整个定义域内 y 随 x 的变化情况。在知识过渡的关键处，要求从函数变量的角度分析问题，这时留给学生足够的时间，让学生小组合作探究，在观察、思考与探究后以小组为单元对问题做出回答。先让学生说，随后教师补充修正。

结论一：对于函数 $y=x$ 在定义域内的任意两个自变量的值 x_1,x_2，"当 $x_1<x_2$ 时，都有 $f(x_1)<f(x_2)$"。对于函数 $y=x^2$ 在定义区间 $(0,+\infty)$ 上任意两个自变量的值 x_1，x_2，当 $x_1<x_2$ 时，都有 $f(x_1)<f(x_2)$；在定义区间 $(-\infty,0)$ 上任意两个自变量的值 x_1，x_2，当 $x_1<x_2$ 时，都有 $f(x_1)>f(x_2)$。

结论二：引导学生用自然的语言描述图象变化的规律，并能进行分类描述（增函数/减函数）。①不同的函数变化趋势不同；②同一函数在不同的区间有不同的变化趋势；③函数的单调性是对定义域内某个区间而言的，这是函数的局部性质。

设计意图：符合学习者的认知规律，从学生熟悉的函数 $y=x$ 和 $y=x^2$ 入手，借助直观图象，使学生对函数单调性的认识由形到数，让学生感受到函数图象的增减变化，对函数单调性的认识实现由感性到理性的过渡。另外，让学生合作探究，激发了学生学习的潜能，符合人本主义和建构主义学习理论。

探究问题：能否根据自己的理解说一说什么是增函数，什么是减函数？

师生活动：学生还是以小组为单位进行合作交流，思考探究并回答问题。如果函数 $f(x)$ 在某个区间上随着自变量 x 的增大而增大，我们就说函数 $f(x)$ 在此区间是增函数；如果函数 $f(x)$ 在某个区间上随着自变量 x 的增大而减小，我们就说函数 $f(x)$ 在此区间上是减函数。

教师指出：我们的这种认识是从分析图象的变化得到的，是对函数单调性的一种描述性的认识，下面从数值变化的角度描述，就得到单调性的概念。

定义：一般地，设函数 $f(x)$ 的定义域为 I，如果对于定义域 I 内某个区间 D 上的任意两个自变量的值 x_1，x_2，当 $x_1 < x_2$ 时，都有 $f(x_1) < f(x_2)$，那么就说函数 $f(x)$ 在区间 D 上是增函数。

学生类比得到减函数的定义：一般地，设函数 $f(x)$ 的定义域为 I，如果对于定义域 I 内某个区间 D 上的任意两个自变量的值 x_1，x_2，当 $x_1 < x_2$ 时，都有 $f(x_1) > f(x_2)$，那么就说函数 $f(x)$ 在区间 D 上是减函数。

设计意图：让学生由特殊到一般，由具体到抽象，归纳出函数单调性的定义，培养学生的逻辑推理能力。

探究问题：

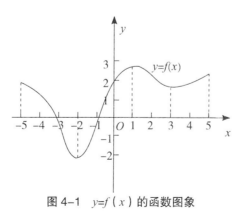

图4-1 $y=f(x)$ 的函数图象

图 4-1 是定义在区间 [-5，5] 上函数 $y=f(x)$ 的图象，根据图象说出函数的单调区间，以及在每一单调区间上它是增函数还是减函数？

师生活动：教师直接提问，学生独立思考并回答。

结论：函数 $y=f(x)$ 的单调区间是 [-5，-2)，[-2，1)，[1，3)，[3，5]，其中函数 $y=f(x)$ 在区间 [-5，-2)，[1，3) 上是减函数，在区间 [-2，1)，[3，5] 上是增函数。

设计意图：概念形成后，要通过习题对概念进行巩固和内化。本探究是通过图形加深学生对函数单调性等概念的理解，这个过程有利于培养学生的直观想象能力。

探究问题：怎样从解析的角度说明 $f(x)=x^2$ 在区间 [0，+∞) 上是增函数？

师生活动：在给定区间内任取两个数，如 3 和 4，因为 $3^2 < 4^2$，所以 $f(x)=x^2$ 在区间 [0，+∞) 上是增函数。取多组数值去验证均满足，所以 $f(x)$ 在区间 [0，+∞) 上是增函数。

任取 x_1，$x_2 \in$ [0，+∞)，且 $x_1 < x_2$，因为 $x_1^2 - x_2^2 = (x_1 + x_2)(x_1 - x_2) < 0$，即 $x_1^2 < x_2^2$，所以，$f(x)=x^2$ 在区间 [0，+∞) 上是增函数。

设计意图：引导学生从特殊到一般的思维，指导学生从图形和语言文字进行辨析，使学生意识到自变量不可能被穷举，从而引导学生在给定的区间内任取自变量，同时也给了证明函数单调性的方法。

（三）应用概念，提升能力

探究问题：物理学中的玻意耳定律 $p=c/v$（c 为正常数）告诉我们，对于一定量的气体，当其体积 V 减少时，压强 p 将增大。试用函数的单调性证明。

师生活动：教师引导学生思考并回答：①$p=c/v$ 是函数吗？②你能画出 $p=c/v$ 的图象吗？③函数 $p=c/v$ 是否具有单调性？你能做出猜想吗？④如果具有单调性，你能用单调性的定义加以证明吗？学生证明，教师给予修正。

设计意图：对物理定理的证明，采用了数学的方法，将学科之间的知识形成一个系统，有利于数学知识的迁移，促进了学生数学核心素养的形成，又让学生认识到函数单调性概念的应用。

（四）归纳小结，提高认识

问题与修正：先提问学生，让学生对本节课的知识进行梳理，然后教师针对学生出现的问题进行纠正和补充，系统总结本节课的知识与方法。

知识与技能：理解函数单调性的概念，会判定和证明函数的单调性。

过程与方法：在概念探究的过程中学生经历了直观图象的变化到抽象概念的形成，从特殊函数的观察过渡到一般知识的总结，经历了由感性到理性的思考变化过程，收获了数形结合的数学思想方法。

七、反思与评价

本节课的引入从实际问题出发，结合具体函数，让学生直观地观察函数图象变化，引导学生从数值的角度分析其变化的特征，数与形结合，实现了学生由感性思维向理性思维的飞跃，有利于培养学生的数学核心素养，如数学建模、直观想象和数学抽象等素养，同时激发了学生学习的兴趣。

注重知识的发生过程，从具体的函数出发，引导学生合作交流，在分析具体问题的过程中层层设问，探究函数单调性的概念，总结证明函数单调性的方法，体会函数单调性的意义。在这一过程中，学生经历了由具体到一般的推理，有利于培养学生的逻辑推理能力。

在归纳小结中，引导学生从知识和技能方面先总结本节课的知识，然后再引导学生对本节课所用到的数学思想和方法加以总结，从整体上把握本节课所学的内容和方法，将所学知识形成一个网络，有利于数学核心素养的形成。同时在总结和反思中，渗透数学思想方法，有利于知识的迁移，进而潜移默化地培养学生的数学核心素养。

第二节　函数的概念

一、教材分析

函数概念是高中数学学习的核心概念之一，也是高中生普遍反映抽象难懂的知识之一。首先从课程安排来看，它贯穿于中学代数的始终，高中第一学期学习的内容主要也是围绕函数展开的，可见函数是初中数学和高中数学衔接的枢纽。从新课程标准的课程结构上来看，经教材改革后，函数也是作为预备知识的第一章来学习的，此后的很多内容也是以函数为依据来展开的。函数起着承上启下的作用，不等式、数列和排列组合等内容都是以函数为前置基础，因此，对函数概念的再认识是不可替代的。

二、学情分析

学生在初中已经学习过函数的概念，对函数及相关概念有初步了解。但初高中所学的函数是有明显差别的。首先是定义之间的差别。初中的函数定义为：如果在一个变化过程中有两个变量 x 和 y，对于变量 x 的每一个值，变量 y 都有唯一的值与它对应，那么称 y 是 x 的函数。这种"变量说"的概念多数是以生活中的两个变量为研究对象的，如一天中气温随时间的变化而变化。初中所学的函数就是数与数之间的对应关系，课本中明确指出函数的定义域一方面受实际问题的影响，另一方面是通过解析式确定范围。初中把函数的定义域内容和函数的概念内容分开教学，这就会让学生认为定义域和函数概念是分离开的，而高中课本明确定义域为函数三要素之一。所以即便学生已初步学习了函数的概念及相关知识，但仍需要深化、改进和完善。

三、设计理念

（一）体现"师为主导，生为主体"的教学理念

本堂课是概念课，教师根据学生已有的知识结构和认知发展规律，采用问题启发式教学法，即以问题串的模式层层揭示具体情境中的数学问题，引导学生经历抽象的全过程，从而发现问题中两个变量的关系，最后归纳、理解函数概念的本质。

（二）注重对学生思维的训练

问题之间是一环套一环的关系，学生凭借初中学习的函数知识难以

解决问题，产生了认知矛盾，有助于其思维的碰撞和发散。让学生带着疑惑和认知矛盾探索之后的学习内容，能迅速促进学生产生主动学习的意愿。为了帮助学生抽象归纳出函数的概念，教师借助对三个实际问题的探索、自我感悟，指引学生通过集合与相关的语言来描述函数关系。教师再以抛出问题的方法来启发学生思维；凭借引导和重点指出学生对于小问题的思路，给学生思考、领悟的空间，帮助学生归纳出问题的共同特点，培养学生的抽象概括能力。

（三）教学层次分明，简单直观

1. 课程类型

新授课。

2. 教学目标

（1）知识与技能

能够用集合语言和对应关系刻画函数，建立完整的函数概念，会判断两个变量间的关系是否为函数关系；了解构成函数的要素，能求简单函数的定义域；会根据不同需要选择恰当的函数表示法（解析法、图象法和列表法）。

（2）过程与方法

通过实例使学生能用变量之间的依赖关系描述函数，抽象概括出函数关系，理解函数的概念；认识到函数概念的重要性，体会集合语言和对应关系在刻画函数概念中的作用。

（3）情感态度价值观

让学生体味从特殊到一般、数形结合的数学思想方法，培养学生观察、分析、归纳的抽象概括能力和逻辑思维能力；在实际问题抽象成函数问题的过程中，让学生感受抽象的全过程，加深学生对数学抽象素养的理解。

3. 教学重点

理解抽象函数符号"$y=f(x)$，$x \in D$"的意义；了解函数的三种表示方法。

4. 教学难点

对抽象函数符号"$y=f(x)$, $x \in D$"的理解；将实际问题抽象概括为函数问题。

5. 教学过程

（1）回顾旧知，引出课题

师：我们在初中对函数是如何定义的？在初中我们学习过哪些函数？

设计意图：对学习高中函数的概念来说，初中函数概念是必备的前置内容。因此对前置知识的复习，能加快学生思维运转，为后面学习和理解高中函数概念与初中概念的区别做铺垫。

（2）观察分析，探索新知

实例一：甲城的居民用水按照下列标准收费：月用水量不超过 10 吨时按照 2 元 / 吨的价格收费；超过 10 吨而不超过 30 吨时，按照 3 元 / 吨的价格收费。

如果小赵家每月用水量 x 都不超过 10 吨，则小赵家的水费单价为 y 元 / 吨。小赵家月交水费 s（元）与月用水量 x（吨）之间的关系。

问题 1：变量是什么？①月用水量 x 和月水费单价 y 是变量吗？②月交水费 s 和月用水量 x 是变量吗？

问题 2：变量是一个数？还是某些数？变量可以用什么方法表示？

问题 3：你可以用你的方法表示出问题①和问题②中的变量吗？

问题 4：①中 y 是 x 的函数吗？②s 是 x 的函数吗？

设计意图：承上启下。①中显然 $y=2$，只有一个变量，不符合初中函数概念的"有两个变量"的条件。这就出现了逻辑矛盾，引发学生的认知冲突，引发学生深入思考。让学生体会"变量说"是有其局限性的。问题 1、2、3 让学生自主用数的集合表示变量。问题 4 让学生找到对应关系，推测出函数是在初中所学的基础上由两变量之间的关系变为两数集的关系。

实例二：国际上常用恩格尔系数反映一个国家人民生活质量的高低，恩格尔系数与生活质量成反比。表 4-2 中恩格尔系数随时间的变化情况显示：1991 年以后，我国城镇居民的生活质量发生显著变化。

表 4-2　恩格尔系数随时间（年）变化的情况

时间 / 年	1991	1992	1993	1994	1995	1996	1997	1998	1999	2000	2001
恩格尔系数 /%	53.8	52.9	50.1	49.9	49.9	48.6	46.4	44.5	41.9	39.2	37.9

问题 5：请仿照实例二，描述恩格尔系数和时间的关系。

生：恩格尔系数和时间都可以用集合表示，分别记为 A、B，并且对于 A 集合中的每一个时间 t，在 B 集合中都有唯一确定的恩格尔系数值与之对应。

问题 6：观察以上实例，分析、归纳它们有什么共同特点？

生：都是两个集合，都有对应关系，都是生活中的例子⋯⋯

问题 7：你能尝试说明什么是函数吗？

生：（略）。

师（归纳）：①都有两个非空数集。②两个数集之间都有一种确定的对应关系。③对于数集 A 中的每一个 x，按照某种对应关系 f，在数集 B 中都有唯一确定的 y 与它对应，记作 $f: A \rightarrow B$。④有 3 种方法表示函数。

设计意图：实例二的设置让学生知道不是每一个函数关系都可以用解析法表示的，可以启发学生观察和思考变量的变化范围。小组合作讨论变量变化范围的表示方法，自主建构起描述两变量之间的对应关系模型。最后，先让学生自主定义函数的概念，再由教师归纳总结。这样启发式教学的流程使学生完成了由具体到抽象的全过程，提高学生的数学抽象素养和数学逻辑推理素养。

（3）形成概念，深化理解

函数概念。设 A、B 是非空的数集，如果按某种确定的对应关系 f，使对于集合 A 中的任意一个数 x，在集合 B 中都有唯一确定的数 $f(x)$ 和它对应，那么就称 $f: A \rightarrow B$ 为集合 A 到集合 B 的一个函数，记作 $y = f(x)$。其中，x 叫作自变量，x 的取值范围 A 叫作函数的定义域；与 x 的值相对应的 y 的值叫作函数值，函数值的集合 $\{f(x) | x \in A\}$ 叫作函数的值域。显然，值域是集合 B 的子集。

师：请同学勾画出概念中你认为最关键的部分。

生：通过交流讨论得出以下几点：非空的数集、确定的对应关系、任意性与唯一性。

师：怎样理解符号 $y=f(x)$，$f(a)$ 与 $f(x)$ 表示的意义一样吗？

生：$y=f(x)$ 仅仅是数学符号，表示的是 y 是 x 的函数。不是表示 y 等于 f 与 x 的乘积。$f(a)$ 表示的是当 $x=a$ 时函数 $f(x)$ 的值，是一个常量，而 $f(x)$ 是自变量 x 的函数，$f(a)$ 是 $f(x)$ 的一个特殊值。

函数的表示法。①解析法：用一个等式表示出 x 与 y 的关系。②列表法：用表格表示 x 与 y 的对应关系。③图象法：以图象中的点的坐标 (x,y) 描绘出能反映 x 与 y 的对应关系的曲线。

函数的三要素。

师：函数定义中有哪几个要素？

生：三要素——定义域、值域、对应法则，缺一不可。

师：用几何画板软件显示这三种函数的动态图象，启发学生观察、分析。

设计意图：这部分主要是教师在学生自主表征的基础上归纳总结本节课的核心知识，使知识更系统化和规范化。利用信息技术工具画出函数的图象，将抽象的表达式变为直观的图形，让学生一眼就能看出"数"与"形"是如何相互转换的，更好地帮助学生理解上述函数的三个要素，从而加强学生对函数概念的理解，进一步挖掘函数概念中集合与函数的联系。

（4）课堂小结，教师评价

学生对本节课所学的内容进行自主小结，教师从生活情境中抽象出函数概念的全过程并及时进行归纳总结：函数的概念；函数的三要素；数形结合的思想。

设计意图：再现课堂，小结提升，有助于学生明确重点。

第三节 "距离问题"习题课

该问题考查高中生的数学抽象、直观想象和数学运算等核心素养达成的综合情况。学生在学习完课程标准规定的必修和选修内容之后，已经具备一定水平的核心素养，经过这堂习题拓展课，学生可以深化理解绝对值不等式的知识，熟练数形结合的数学思想。

一、学情分析

本节课适合已经结束选修内容学习的高二、高三学生，有利于其知识与技能的巩固和综合能力、综合素养的提升。

二、课程类型

习题拓展课。

三、教学目标

（一）知识与技能

要求学生能够借助几何直观在直角坐标系中理解距离的定义；能够利用绝对值不等式解决具体问题。

（二）过程与方法

在解题的过程中培养学生数学抽象、逻辑推理、直观想象和数学运算等核心素养；能够使学生体会数学核心素养的综合性与整体性；能够使学生体会数形结合、化归的数学思想方法的优越性。

（三）情感态度价值观

创设层层深入、环环相扣的教学环节培养学生的学习兴趣、提升教学效果、培养学生素养；使学生能够从数形结合的思想方法中体会直观与感观相结合的作用，构建数学知识体系。

四、教学重点

利用图形理解"距离"。

五、教学难点

"距离"的理解和用绝对值不等式解决问题。

六、教学过程

问题：在数轴上，对坐标分别为 x_1，x_2 的两点 A、B，定义两点间的距离为 $d(A，B)=|x_1-x_2|$。

在该数轴上任意取不重复的三定点 A、B、C，说明它们满足 $d(A，B)\leq d(A，C)+d(B，C)$。

取定两点 $A(x=-3)$ 和 $B(x=2)$，找出满足 $d(A，B)=d(A，C)+d(B，C)$ 的点 C 的范围，再找出满足 $d(A，B)<d(A，C)+d(B，C)$ 的点 C 的范围。

解析：任取 $A(x_1)$、$B(x_2)$、$C(x_3)$，$d(A，B)=|x_1-x_2|$，$d(A，C)=|x_1-x_3|$，$d(B，C)=|x_2-x_3|$。

解法一：$d(A，C)+d(B，C)=|x_1-x_3|+|x_2-x_3|=|x_1-x_3|+|x_3-x_2|\geq|x_1-x_2|=d(A，B)$，当且仅当 $(x_1-x_3)(x_2-x_3)\leq0$ 时取等，即 C 点在线段 A、B 上等号成立。

解法二：做出数轴分情况讨论，取任意 $A(x_1)$，$B(x_2)$，$x_1<x_2$，和 $C(x_3)$，分 C 点在 A、B 点的左边、中间、右边三种情况讨论。

$d(A，B)=d(A，C)+d(B，C)$ 时，$x\in(-3，2)$；$d(A，B)<d(A，C)+d(B，C)$ 时，$x\in(-\infty，-3)\cup(2，+\infty)$。

设计意图：从最简单的情境入手，在数轴上定义两点间距离，从低起点的思维出发，让绝大部分学生可以参与其中。基础差的学生通过探究，可以找到分类讨论的依据；基础好且思维能力强的学生根据已知条件就能迁移到绝对值不等式。所以绝大部分学生都能提升自信心，激发学生解决下一道题的求知欲。

第四节　函数 $y=A\sin(\omega x+\varphi)$ 的图象

一、教学任务分析

利用几何画板软件，用五点法画正弦函数图象；用准确的数学语言描述对应的变换过程。

理解 A、φ、ω 对函数图象的影响；总结出函数 $y=A\sin(\omega x + \varphi)$ 的实际意义。

二、教学重难点

教学重点：掌握 A、φ、ω 对函数 $y=A\sin(\omega x + \varphi)$ 的影响，让学生认识图象变换与函数解析式变换的内在联系，学会将一个复杂问题分解为简单问题的方法。

教学难点：对于图象变化规律的总结。

三、基本流程

探究 φ 对 $y=A\sin(\omega x + \varphi)$ 的图象的影响；探究 ω 对 $y=A\sin(\omega x + \varphi)$ 的图象的影响；探究 A 对 $y=A\sin(\omega x + \varphi)$ 的图象的影响；总结 $y=\sin x$ 到 $y=A\sin(\omega x + \varphi)$ 的图象变化；比较简谐运动的振幅、周期、相位、初相与 A、φ、ω 的关系。

四、教学情境设计

问题：观察交流电电流与时间变化的图象，它与正弦函数有什么关系？

师生活动：学生通过观察投影动画，分小组讨论，并思考、总结问题。

设计意图：创设问题情境，建立 $y=\sin x$ 与 $y=A\sin(\omega x + \varphi)$ 的联系。

问题：你认为如何分析 A、φ、ω 对 $y=A\sin(\omega x + \varphi)$ 的影响？

师生活动：教师提问，学生讨论、回答，最后总结；先分别讨论，再整合分析。

设计意图：引导学生思考研究问题的方法。

问题：比较 $y=\sin(x + \pi/3)$ 与 $y=\sin x$ 图象上相同点在运动时，其横坐标的变化？

师生活动：教师用几何画板软件做出图象，引导学生观察不变量，得出结论。

设计意图：引导学生观察 $y=\sin(x+\pi/3)$ 图象上的点与 $y=\sin x$ 图象上点的横坐标的关系，对图象形成具体认识。

问题：用上述的研究方法讨论 ω 对 $y=A\sin(\omega x+\pi/3)$ 会有怎样的影响？

师生活动：学生以小组的形式研究，教师适当指导，提醒学生按照从一般到具体的思路得出结论。

设计意图：让学生根据已有的经验研究 ω 对 $y=A\sin(\omega x+\pi/3)$ 的影响，再一次巩固研究方法。

问题：同理，探究 A 对 $y=A\sin(2x+\pi/3)$ 图象的影响？

师生活动：学生以小组的形式研究，教师适当指导，提醒学生按照从一般到具体的思路得出结论。

设计意图：巩固研究方法，学生再次体会图象变化过程。

参考文献

[1] 白华贤 . 高中数学核心素养培养路径探讨——评《基于高中数学核心素养的教学设计与反思》[J]. 中国教育学刊，2023（4）：144.

[2] 曹一鸣，孙彬博，苏明宇，等 . 促进学生核心素养发展的高中数学单元教学设计——以"导数及其应用"为例 [J]. 基础教育课程，2023（6）：34-43.

[3] 曹云飞 . 核心素养培养视域下高中数学教学策略优化研究 [J]. 科学咨询，2023(14)：206-208.

[4] 陈亮太 . 核心素养理念在高中数学教学中的应用 [J]. 亚太教育，2023（19）：84-87.

[5] 陈琳 . 数学核心素养在高中数学教学中落地的实践研究 [D]. 新乡：河南师范大学，2019.

[6] 陈伟 . 发展数学核心素养的教学直观样态 [J]. 内江师范学院学报，2023，38（2）：8-13.

[7] 程杰 . 核心素养导向下的高中数学信息化教学研究 [J]. 中国新通信，2023，25(10)：209-211.

[8] 迟茗心 . 核心素养视域下的高中数学教学案例研究——以《函数的应用》为例 [D]. 长春：长春师范大学，2021.

[9] 顾海燕 . 核心素养背景下的高中数学分层教学探讨 [J]. 西部素质教育，2022，8（15）：3.

[10] 蒋永鸿，张静 . 基于学科核心素养的高中数学教学原则 [J]. 教育观察，2022，11（23）：118-121.

[11] 敬晓萍 . 核心素养导向下的高中数学"大单元教学"有效性研究——以人教 A 版必修五数列章节教学为例 [J]. 教育科学论坛，2022（34）：64-67.

[12] 李俊玲 . 基于数学核心素养的高中数学概念教学研究 [D]. 石河子：石河子大学，2024.

[13] 娄朋林 . 基于核心素养的艺术类高中数学教学研究 [D]. 湘潭：湖南科技大学，2024.

[14] 卢可心 . 基于数学核心素养理念下高中数学教学引入中的情境创设研究 [D]. 武汉：华中师范大学，2023.

[15] 陆梅.高中数学临界生学科核心素养提升策略研究——以"三角恒等变换"例题教学为例[J].贺州学院学报,2023,39(S1):22-27.

[16] 罗华伟,罗国建,王少波.再话精准教学——核心素养下数学建模教学的几点体会[J].科学咨询,2023(1):257-260.

[17] 宁菊英.核心素养背景下高中数学教学优化策略[J].亚太教育,2022(13):68-70.

[18] 祁义和.新高考情景下高中数学核心素养培养的教学策略研究[J].亚太教育,2022(12):52-54.

[19] 邱进军.浅析应用"互联网+"助推高中数学学科核心素养的培养[J].中国新通信,2023,25(11):176-178+187.

[20] 师贵静.指向学科核心素养的高中数学教学目标设计研究[D].石家庄:河北师范大学,2023.

[21] 王琴.基于核心素养的高中数学"教、学、评"一致性研究[D].成都:四川师范大学,2022.

[22] 王小檐.基于高中教师对数学核心素养认识的教学策略研究[D].赣州:赣南师范大学,2021.

[23] 吴伟清.核心素养理念下高中数学教学研究[J].现代农村科技,2023(6):87.

[24] 徐薇.核心素养视角下高中数学变式教学的研究[D].哈尔滨:哈尔滨师范大学,2023.

[25] 许晓莉.核心素养下的高中数学课堂教学策略研究[J].教育理论与实践,2024,44(2):59-61.

[26] 薛红霞.核心素养指引下的高中数学综合实践教学分析[J].教学与管理,2022(28):49-52.

[27] 杨慧,韩龙淑,王文静.基于GGB的高中数学课程可视化教学研究[J].教学与管理,2023(28):33-36.

[28] 杨健,王勇强.推进课堂教学转型落实数学核心素养——以"体重与脉搏"的高中数学建模教学为例[J].数学通报,2022,61(11):55-58+62.

[29] 杨江涛.高中数学教学中学生创造性思维能力的培养策略[J].甘肃教育研究,2022(8):58-60.

[30] 叶丹.基于落实数学核心素养的高中数学课堂教学观察研究[D].昆明:云南师范大学,2021.

[31] 詹远美.对分课堂教学模式在高中数学教学中的应用——评《基于核心素养的高中数学教学》[J].科技管理研究,2023,43(15):260.

[32] 张红霞,江小霞."互联网+"核心素养下的高中数学教学分析[J].中国新通信,2023.

[33] 张敏. 基于核心素养的高中数学单元教学研究 [D]. 河南：河南师范大学，2021.

[34] 张琳. 指向数学抽象核心素养的高中数学概念教学策略研究 [D]. 淮北：淮北师范大学，2022.

[35] 张子平. 高中数学建模教学的必要性与教学策略 [J]. 秦智，2023（7）：130–132.

[36] 郑作奎. 核心素养视域下的高中数学教学设计实践反思——评《高中数学教学设计的理论与实践研究》[J]. 科技管理研究，2022，42（13）：242.